LA MENACE FANTÔME

LA MENACE FANTÔME
Les industries culturelles face au numérique

Emmanuel Durand

SciencesPo.
Les Presses

Catalogage Électre-Bibliographie (avec le concours de la Biblio-
thèque de Sciences Po)
La menace fantôme : les industries culturelles face au numérique /
Emmanuel Durand. – Paris : Presses de Sciences Po, 2014. –
(Nouveaux débats, 39).

ISBN papier 978-2-7246-1630-9

ISBN pdf web 978-2-7246-1631-6

ISBN epub 978-2-7246-1632-3

ISBN xml 978-2-7246-1633-0

RAMEAU :
– Industries culturelles : Innovations : France : 1990-...
– Culture : Aspect économique : France : 1990-...

DEWEY :
– 338.4 Production - Secteur secondaire et services (secteur
tertiaire)
– 306.46 Aspects particuliers de la culture – Technologie

Sommaire

Seconde partie
AVANCER

Remerciements

Toutes les personnes mentionnées ci-dessous ont contribué à cet ouvrage, la plupart nourrissant mon inspiration – parfois de manière involontaire – lors d'échanges fructueux, et certaines y apportant un regard bienveillant et critique à ses différents stades :

David Barroux, Laurence de Bélizal, Jacques Benloulou, Arthur Benzaquen, Jean-David Blanc, Jean-Michel Carlo, Julien Codorniou, Nicolas Colin, Axel Dauchez, Dominique Delport, Arash Derambarsh, Vincent Ducrey, Gilles Fontaine, Thomas Gewecke, Thierry Jadot, Frédéric Josué, Iris Knobloch, Jean-Michel Lasry, Alexandre Malsch, Henri le Ménestrel, Jean Muller, Georges Nahon, Régis Ravanas, Cédric Siré, Amanda Sthers, Marie-Geneviève Vandesande, ainsi que toute mon équipe chez Warner Bros. France.

Qu'ils en soient ici remerciés.

Pour continuer la discussion, rejoignez-moi sur twitter : @emmanuel_durand

Introduction
L'heure *hybride*

La révolution numérique va-t-elle avoir raison des industries culturelles ? La question devient toujours plus brûlante à mesure que s'imposent les innovations qui bouleversent nos modes de vie et de consommation. Des libraires alarmés par le succès d'Amazon aux médias inquiets du développement de Netflix, c'est tout un secteur qui se sent aujourd'hui menacé dans son économie, dans son fonctionnement et dans sa légitimité.

Ces doutes ont même relégué au second plan les débats traditionnels sur « l'exception culturelle française », sur l'hégémonie américaine et les enjeux transatlantiques : aux États-Unis comme en Europe, les mêmes périls sont redoutés par des industries qui se voient remises en cause, de façon radicale, par des initiatives presque toutes issues d'un même univers, celui des start ups de la Silicon Valley. Des deux côtés de l'Atlantique, l'inquiétude monte avec une égale intensité, les mêmes cataclysmes sont annoncés.

Ces angoisses traduisent, en réalité, une incapacité à appréhender les bouleversements contemporains, à sortir des catégories avec lesquelles nous avons l'habitude de nous repérer, de penser et d'agir.

Nous venons d'un monde où le producteur produisait, le consommateur consommait, le dirigeant dirigeait et l'employé obéissait. Un monde où les livres, les films et les morceaux de musique appartenaient à des univers différents et hétérogènes, un monde où toute chose avait une place et surtout une nature uniques, fixées une fois pour toutes.

Ce monde n'est plus. L'apparition des technologies numériques a amorcé un mouvement de rapprochement inédit entre des univers hier hétérogènes. Le web 2.0, en permettant au plus novice des internautes d'interagir facilement sur la toile, a institutionnalisé de nouvelles pratiques qui ont fait disparaître les frontières entre producteurs et consommateurs des œuvres de l'esprit.

Ces ruptures technologiques ont rayonné bien au-delà du seul domaine numérique. Elles ont modifié en profondeur notre rapport à la culture, aux idées et même au monde. Elles n'ont pas seulement ouvert de nouvelles passerelles entre disciplines, entre supports et entre pratiques, mais également changé la place que chacun pouvait revendiquer.

Comme nous le verrons dans cet ouvrage, ce mouvement perturbe les logiques économiques, les modèles de développement et les positions individuelles. Il modifie en profondeur l'organisation de notre monde. Ses effets convergent avec ceux d'autres mouvements, comme l'étiolement de la notion de propriété, remise en cause par ce que l'économiste américain Jeremy Rifkin nomme l'« âge de l'accès[1] » : une tendance qui nous pousse à privilégier l'usage des choses à leur propriété.

Ces phénomènes très puissants ne sont pas les effets d'une dilution, mais plutôt d'une recomposition des identités. Abandonnant les certitudes qui ont longtemps servi

---

1. *Jeremy Rifkin*, L'Âge de l'accès, *Paris, La Découverte, 2000.*

de fondement à l'organisation économique et sociale, chacun a désormais la possibilité de s'inventer une existence nouvelle, dans laquelle il peut – et même doit – exercer successivement ou simultanément des fonctions qui lui étaient autrefois interdites et en imaginer d'autres, développant ainsi des perspectives inédites.

Pour les entreprises, le chantier est encore plus vaste. Leurs activités, perpétuellement challengées par des interactions nouvelles, ne peuvent désormais se limiter à des schémas figés. Aucune hiérarchie ne saurait définir une fois pour toutes leur organisation, qui doit en permanence intégrer les potentialités et les fonctionnalités nouvelles créées par des innovations perpétuelles. Leurs clients deviennent tour à tour, et dans un même mouvement, des prescripteurs et des inspirateurs, des consommateurs et des producteurs. Elles doivent, enfin, apprendre à faire évoluer leur identité dans un univers symbolique, où chacun est capable d'assumer des rôles différents, non seulement de production, mais aussi de signification et d'impulsion.

Ce monde nouveau est porteur de possibilités qui paraissent infinies, au regard notamment de la diversité des domaines concernés, de l'accélération du mouvement d'innovation qui traverse chacun d'eux et des innombrables combinatoires autorisées par la convergence numérique. Et ce, d'autant plus que la majorité de ces innovations ont un caractère *disruptif* : elles sont porteuses non pas d'un changement d'amplitude au sein d'un système de valeur existant, mais d'un changement de la nature même de ce système ; elles induisent un bouleversement de toute la chaîne de production et de consommation dans laquelle elles prennent place.

Innovation, disruption : ces termes sont devenus des leitmotivs dans la bouche des acteurs, privés comme publics, en quête de modernité. Cependant, comme nous le verrons, la plupart des entreprises et des institutions concernées au premier chef par les effets de l'innovation et de la disruption ignorent très largement les logiques profondes qui les sous-tendent et les réponses qu'elles appellent. En effet, seule une poignée d'entreprises, qui maîtrisent ces nouvelles lois, réussissent à capter l'essentiel de la valeur des marchés qu'elles disruptent. Google, Netflix, Amazon, etc. reviendront souvent en illustration des idées développées dans ces pages, du fait de leur rareté autant que de leur réussite insolente.

L'innovation porte pourtant le ferment d'une croissance économique, et plus encore d'une réinvention culturelle et politique qui offre à chaque individu une liberté nouvelle, à condition qu'il puisse – légalement – en bénéficier.

Ce monde qui se construit dans l'innovation et dans l'expérimentation est profondément *hybride*. C'est sa grande richesse, mais c'est aussi son étrangeté, son caractère inquiétant.

L'hybridation a longtemps eu mauvaise presse. Avec nos esprits formés aux idéaux de Platon, épris de pureté et d'absolu, nous avons appris à nous méfier de ce qui était, pour les Latins, *ibrida*, c'est-à-dire issu du croisement du sanglier et de la truie, autrement dit « bâtard », ou encore « de sang-mêlé » ; à voir l'hybridation comme une déviance à la fois dangereuse et contre nature, de celles qu'il faut à tout prix éviter si l'on veut accéder à l'essence et à la noblesse des choses. Un travers fatal donc, le signe d'une identité insuffisamment affirmée ou à l'inverse menaçante car contraire aux lois de la nature.

Dans notre monde mouvant et en perpétuelle disruption, c'est le monolithisme qui est une faiblesse : alors que les monolithes sont fragilisés par les innombrables changements de vent, les hybrides peuvent s'aider de la force du vent pour trouver une dynamique nouvelle. Les monolithes se définissent par leur fidélité à ce qu'ils ont été ; les hybrides ne sont eux-mêmes qu'en se cherchant et en se découvrant. Les monolithes s'assimilent à un processus, les hybrides cherchent un résultat.

Au contraire des postures monolithiques désormais fragilisées, l'hybridation est aujourd'hui l'instrument d'une stratégie à la fois plus forte (car assise sur une base plus large) et plus instable (car perpétuellement soumise à la redéfinition de chacun de ses partenaires). Elle ne signifie pas la perte d'identité, au contraire. Soumise à des interactions permanentes, la définition d'une identité est plus nécessaire que jamais.

Les évolutions à l'œuvre entraînent certes des frictions, des résistances et des conflits, qu'il s'agit moins de dénoncer que de comprendre si l'on veut les dépasser et surtout si l'on veut le faire d'une manière efficace, collectivement et selon une vision à long terme.

Comment construire une identité pérenne pour des structures et des individus perturbés par des disruptions majeures ? Comment créer de la valeur lorsque les catégories sont instables, protéiformes, contradictoires parfois ? Comment réguler un monde où semblent dominer la plasticité, l'inventivité et l'indocilité ?

Nous croyons que ce nouveau monde, derrière des apparences déroutantes et complexes, obéit à des logiques et à des rationalités. Pour mieux l'appréhender, pour y jouer un rôle et pour éventuellement l'orienter, il est nécessaire d'en comprendre les lois, et surtout de comprendre en quoi ces lois relèvent d'une nature fondamentalement différente. La difficulté tient moins à la définition de règles ponctuelles qu'à l'élaboration d'un schéma qui soit tout entier hybride, faute de quoi il n'aura de prise ni sur les individus, ni sur les structures, ni sur les produits.

Je suis moi-même le produit d'un parcours hybride. J'ai commencé ma carrière chez Universal Music, au pic de la croissance du marché des industries musicales, à une époque où l'on n'était légitime dans cet univers qu'à condition d'avoir passé son adolescence à jouer de la basse dans une cave enfumée. Je n'avais pas joué de basse, et je ne me suis jamais senti comme faisant partie du sérail. De ce décalage culturel est sans doute née une perception plus distancée et peut-être plus aiguë des défis de l'époque. Libéré de la pensée unique nourrie par le corporatisme, j'ai pu ouvrir les yeux sur les difficultés que le monde de la musique rencontrait face à la déferlante de la numérisation.

Il peut sembler facile, quinze ans après les faits, de jeter la pierre à ceux qui n'ont pas immédiatement saisi la révolution qui s'annonçait. Telle n'est pas mon intention. Je partage au contraire la responsabilité collective d'avoir ignoré une partie de ce qui se jouait alors, faute sans doute d'acuité, de curiosité ou de lucidité. Et c'est précisément à l'aide de cette expérience que j'essaye aujourd'hui d'observer le monde, de le comprendre et de m'y adapter.

Je le fais avec d'autant plus d'énergie qu'après un intermède de quelques années dans le secteur de la beauté, j'ai depuis réintégré l'univers des industries culturelles, dans le cinéma cette fois. J'ai été stupéfait d'y découvrir que les mêmes mouvements et les mêmes forces qui avaient fait vaciller ou périr tant de géants du secteur de la musique quelques années plus tôt s'apprêtaient à frapper de la même façon celui du cinéma et à susciter les mêmes réactions : celles d'entités sûres de leur force, s'estimant *too big to fail.*

Comme leurs devancières de la musique, les structures du cinéma, arrimées à leur histoire et à leur identité monolithique, ne se croient pas concernées par les courants insaisissables de la révolution numérique. Considérant les porteurs de disruptions comme autant de corsaires bravant l'ordre établi, quand ces derniers sont en réalité des sources inépuisables de créativité et de création de valeur, l'industrie cinématographique est en train de se laisser dépasser.

Comme je l'ai cru pour la musique et comme l'avenir, j'en suis certain, le prouvera, l'érection de murailles, aussi hautes et parées des atouts d'internet soient-elles, ne suffira pas à stopper les vents du changement.

Loin de constituer un domaine secondaire ou anecdotique, les industries culturelles sont à l'avant-poste de ces mouvements. C'est pourquoi j'ai décidé de m'inspirer de cet univers aux règles précises, aux forces immenses et à la fragilité singulière, pour en tirer des constatations plus générales. Plus qu'un simple tableau des mouvements sporadiques qui agitent un secteur économique déjà particulier, ce livre entend décrypter, à travers l'exemple révélateur des industries culturelles, les ressorts et les perspectives de la puissante vague qui va peu à peu déferler sur la plupart de nos domaines d'activité.

Témoignage d'un praticien, ce livre ne prétend à aucune autre vérité que celle d'expériences vécues ou entendues. Il est donc dédié à tous ceux que l'incertitude aiguillonne, à tous ceux qui acceptent d'entrer de plain-pied dans un monde hybride et qui veulent y trouver des opportunités inédites de croissance, d'invention, de progrès. Il est destiné autant aux « intra-preneurs » – ces porteurs d'innovation au sein des entreprises historiques – qu'aux entrepreneurs, qui, plus que d'autres, sont quotidiennement confrontés aux défis et aux menaces liés à l'hybridation et qui doivent faire en sorte de les transformer en force. J'espère leur apporter quelques clés pour aborder le monde hybride avec plus d'enthousiasme que de crainte. Aucune recette miracle, aucune martingale. Plutôt un ensemble d'éclairages et d'ouvertures dont chacun tirera les enseignements adaptés à son secteur, à son problème, et même à son époque : tous les éléments dont je parle sont par nature variables, même si j'ai la conviction qu'ils obéissent à des logiques durables.

Apprendre à se départir des logiques monolithiques et à faire siennes les lois de l'hybridation, à raisonner en termes de dynamiques plus que de positions, à découvrir l'identité fondamentale de chacun derrière les apparences d'une forme ponctuelle : telle est la voie que ce livre cherche humblement à montrer, à travers des expériences concrètes.

Première partie
Décrypter

Chapitre 1

Les technologies

En 2012, un film muet et en noir et blanc devient, contre toute attente, l'un des plus primés de l'histoire du cinéma mondial. *The Artist* relate la vie d'une star du cinéma muet acculée à la ruine par une innovation technologique : le cinéma parlant.

Ce film doit certes à ses qualités intrinsèques d'avoir récolté les suffrages des représentants de la profession dans le monde entier, mais on ne peut également s'empêcher de lire cette consécration comme le signe d'une identification au triste destin de l'acteur George Valentin, frappé par la roue implacable du progrès, et du repli nostalgique d'un secteur en butte à l'une des disruptions les plus violentes de son histoire : la lame de fond d'internet.

À peine deux ans plus tard, un George Lucas désemparé, invité avec Steven Spielberg à présenter sa vision de l'avenir devant des étudiants de la University of South California, résume ainsi le malaise de la profession : « Ma fille a 25 ans et elle a résilié son abonnement au câble, s'est débarrassée de sa télévision, et passe sa vie sur internet. [...] Malheureusement, elle ne va même plus au cinéma. Elle dit qu'elle peut tout regarder de chez elle. » Derrière ce constat teinté d'amertume, comment ne pas lire l'angoisse d'un homme craignant de devoir bientôt, comme George Valentin en son temps, céder sa place pour cause d'inadaptation technologique ?

—— Le mythe de la disparition

Friands d'annonces sensationnelles et sentencieuses, les médias prédisent régulièrement la mort de pans entiers de l'économie culturelle. Après le livre, que l'invention du Macintosh paraissait condamner au début des années 1980, après la presse, vouée à disparaître depuis l'invention de la tablette, c'est aujourd'hui l'ensemble de la filière audiovisuelle qui semble condamnée par internet.

Ce type d'annonce radicale n'est pas nouveau : en 1910, déjà, l'avènement de la radio (et sa promesse de musique gratuite et illimitée) sonnait le glas de la jeune filière phonographique. Il n'en fut rien, ce nouveau média s'avérant au contraire un formidable relais de promotion pour l'industrie du disque. De la radio à internet en passant par la télévision ou par la presse gratuite et sans oublier la photographie, chaque innovation majeure a été présentée comme un arrêt de mort pour ses devancières.

Ce catastrophisme, d'autant plus répandu qu'il offre l'avantage de proposer une vision simple et binaire de l'avenir, a globalement installé l'idée d'une concurrence généralisée entre des médias dont la cohabitation ne pourrait être que temporaire et qui devrait fatalement s'achever par la disparition de l'un ou de l'autre – généralement le plus ancien, celui donc dont l'impact sur l'économie est le plus important.

Pour qui prend le temps d'observer attentivement les modes de consommation concernés, les faits sont pourtant moins simples qu'il n'y paraît. La tendance, aujourd'hui comme hier, est celle d'une cohabitation plutôt que d'une substitution : les médias se complètent, s'enrichissent et se superposent, dans un lent mouvement d'accès généralisé à l'information et à la culture. Jamais encore un nouveau média n'a tué l'un de ses devanciers. Si certains ont dû s'adapter à une évolution des pratiques, des coûts ou des standards, comme le cinéma qui a appris à parler, aucun n'a purement et simplement disparu.

Plutôt que de se complaire dans des oppositions rassurantes et simplistes, il est donc essentiel, pour comprendre la réalité des bouleversements induits par la révolution numérique, de se méfier des présupposés et de partir des faits. Les faits, c'est-à-dire les modes de consommation, les désirs, les aspirations des auditeurs ou des spectateurs qui ont toujours choisi de diversifier leurs pratiques au moment d'adopter de nouveaux médias, non d'en sacrifier l'un ou l'autre. Plutôt que d'une opposition, le modèle est bien celui d'une hybridation.

C'est ce que révèlent les pratiques audiovisuelles des Français telles qu'elles sont aujourd'hui observées par tous ceux qui se penchent sérieusement sur le sujet. Confrontés à une offre pléthorique, les téléspectateurs optent pour le régime de l'« hyperchoix » et ne semblent vouloir renoncer à rien, souhaitant plutôt agir à leur guise. Comme nous allons le voir maintenant, cela se manifeste dans les temps de consommation des différents supports comme dans leur combinaison.

—— Hyperchoix et individualisation des consommations

L'hybridation des pratiques est d'ores et déjà une réalité. Comme le rappelle le livre blanc publié par Havas, *TV 2.0, Smart TV Meets Smart Audience*[1], citant une étude qui utilise la biométrie et des technologies de reconnaissance faciale, un téléspectateur ne consacre que la moitié de son temps effectif d'attention à ce qui se passe sur l'écran. Il est simultanément capté par d'autres centres d'attention, à commencer par son smartphone. Cela n'empêche pas les Français de passer chaque année davantage de temps devant leur téléviseur, et davantage aussi devant internet, que ce soit via l'écran de l'ordinateur, celui de la tablette ou du smartphone. On estime même qu'un tiers du temps passé à consulter une tablette et un cinquième du temps passé devant un smartphone le sont aussi devant la télévision[2].

La problématique, dès lors, n'est pas celle de la concurrence, mais de la combinaison entre des supports qui peuvent parfaitement devenir complémentaires et qui le sont déjà dans la réalité quotidienne. Simplement, ces changements posent de nouvelles questions aux programmateurs et aux équipes marketing, qui se voient contraints d'adapter leur stratégie et de sortir de leur confort. Certains l'ont d'ailleurs accepté et y ont même trouvé des sources de développement, en proposant des contenus

---

1. Caroline Jacquot, Nadine Medjeber, Geneviève Petit et Benoit Zante, « TV 2.0, Smart TV Meets Smart Audience », Havas Média France, *2012, via PetitWeb*.
2. Ibid.

adaptés à un « second écran », à travers des formats marketing interactifs, des plateformes de social TV ou des modules syndiqués dans des applications tierces. Des technologies se développent en permanence, qui permettent de favoriser la synchronisation entre deux écrans pour proposer des contenus complémentaires.

On voit donc apparaître dans le paysage global, en même temps qu'un développement de la consommation générale de médias, une individualisation croissante des pratiques. Si l'approche par foyer a longtemps été pertinente, avec comme principe « un média = un moyen d'accès », la prolifération d'appareils numériques et d'écrans individualisés (télévision, ordinateur, tablette ou smartphone) contraint à reconsidérer ce schéma. Les écrans complémentaires sont de plus en plus présents dans les foyers français, où l'on estime que plus de 25 % des personnes de plus de 15 ans disposent de ces trois types d'écran aujourd'hui, contre seulement 3 % il y a seulement deux ans. Ces multi-équipés se déclarent d'ailleurs deux fois plus nombreux (67 %) que la moyenne à avoir regardé la télévision sur ordinateur, smartphone ou tablette au cours des trente derniers jours.

L'explosion de la vidéo

Dans un même élan, les contenus vidéo deviennent donc amplement majoritaires dans le trafic internet global : aux États Unis, à la mi-2014, les deux seules plateformes Netflix et Youtube représentaient plus de la moitié du trafic internet. Plus révélatrice encore de l'ampleur et de la rapidité de cette explosion des écrans et des usages, la part de la consommation de Youtube sur mobile est passée de 6 % en 2011 à 40 % dans le monde à peine deux ans plus tard.

Évidemment, cette évolution s'accompagne de disparités entre les foyers, en termes d'accès et d'équipement, des disparités croissantes à mesure qu'augmente le nombre d'hyper-connectés. Des lignes de faille se dessinent ainsi sur la carte du numérique. Mais ces lignes ne suivent pas pour autant les critères classiques, d'âge ou de catégorie socio-professionnelle, auxquels on pourrait s'attendre. On trouve en effet autant de CSP supérieures et de personnes moins de 35 ans dans les foyers hyper-connectés que dans ceux à l'accès limité. Ce qui prouve que le mouvement est global et touche la plupart des composantes de la société.

Les effets de ce suréquipement relatif permettent d'entrevoir les conséquences de la multiplication des médias. Loin de se jouer à somme nulle, le foisonnement des supports entraîne une augmentation de la consommation globale, et cette concurrence élargie n'affecte que marginalement les canaux historiques : l'augmentation, si elle est partiellement portée par une croissance du nombre moyen d'écrans par foyer, repose surtout sur une intensification nouvelle de leur utilisation.

Or, de façon étonnante dans ce contexte, le téléviseur demeure le cœur de la consommation de contenus audiovisuels. Ainsi, le début de l'année 2014 a vu la consommation moyenne des Français de plus de 15 ans atteindre une durée quotidienne de 3 heures 52 minutes (en diminution toutefois de huit minutes par rapport à la même période en 2013). Même si l'on assiste à une forte érosion de l'audience totale des 15-24 ans, particulièrement sensible sur les chaînes historiques, la multiplication de l'offre et l'adoption progressive des chaînes de la TNT ont permis de freiner cette érosion, et l'on observe bien une stabilité globale de la consommation de télévision, en parallèle à l'explosion de la consommation de contenus interactifs (et surtout de vidéo) sur internet.

Les chiffres sont éloquents, tant en nombre d'utilisateurs qu'en temps passé. En France, au moment de l'élection du pape François, en mars 2013, la barre symbolique des dix millions de vidéonautes uniques par jour a été franchie, parmi un public total d'environ 35 millions de personnes (en croissance d'1 million sur 6 mois).

Symbole de l'individualisation croissante de la consommation audiovisuelle et de son hybridation avec d'autres types de consommation, la *catch-up TV*, ou « télévision de rattrapage » (TVR), qui offre la possibilité à l'internaute de revoir des programmes télévisés peu de temps après leur diffusion, est elle aussi en pleine expansion : 73,5 % des internautes âgés de 15 ans et plus, interrogés en février 2014, déclarent avoir regardé des programmes en TVR au cours des douze mois écoulés.

De plus en plus connecté, l'écran de télévision demeure bel et bien le premier support de consommation de médias, et son avenir est loin d'être condamné par le développement de nouveaux supports. Qu'il soit amené à évoluer, en devenant de plus en plus interactif notamment, cela semble très probable. Mais, pas plus que la peinture ne fut condamnée par l'invention de la photographie ou la radio par celle de la télévision, l'apparition d'un internet à très haut débit ne tuera la télévision, ni ne tuera le cinéma. Leur coexistence entraîne simplement l'apparition de pratiques hybrides. La télévision ne sera plus le centre du foyer comme elle l'a été pendant quelques décennies, mais elle demeurera probablement un support de consommation courante doublé d'une source de convivialité, autour de laquelle la famille se réunit régulièrement pour des grand-messes et des émotions partagées.

L'hybridation, source de croissance

Si la multiplication des supports accroît leur individualisation, rien ne permet de croire que ce mouvement soit une loi générale. Les industries culturelles ont toujours proposé des activités avant tout sociales, et elles demeurent très prisées. Elles viennent s'ajouter aux pratiques solitaires comme la lecture. L'erreur serait d'assimiler les unes et les autres, alors qu'elles ne relèvent ni de la même logique intellectuelle, ni de la même logique culturelle, ni de la même logique commerciale.

Cela se vérifie régulièrement. Par exemple, lors de la sortie du film *Gravity*, en 2014, les millions de spectateurs qui ont fait la queue, pendant près d'une heure pour certains, afin de voir le film dans des conditions de sonorisation optimales et sur un écran géant, n'auraient pour rien au monde renoncé au prix de leur billet pour un visionnage gratuit en VOD sur leur smartphone. Ce qu'ils venaient chercher dans une salle de cinéma, c'était à la fois une émotion et une expérience de groupe, en réalité plus proche d'une sortie au concert que d'une soirée devant la télévision. Mais il est possible ces mêmes spectateurs, dès le lendemain, aient eu l'envie de revoir *Gravity*, ou un autre film plus adapté, sur leur écran personnel, confortablement installés chez eux.

Le cinéma revendique ainsi pleinement son rôle de créateur de lien social. Plus encore, il permet aux – jeunes – fans d'afficher (comme avec leurs choix vestimentaires ou musicaux) leur appartenance à une communauté, dans une logique de définition identitaire[3].

Considérer systématiquement les œuvres en fonction de leur format amène donc à des contresens et à un décalage dangereux avec le public, qui ne vit pas son accès aux médias et à la culture sur un tel mode cloisonné. La « chronologie des médias » a historiquement assuré le financement de la création cinématographique grâce à une succession de fenêtres d'exclusivité : d'abord la salle, puis la vidéo (physique et VoD) 4 mois après la sortie en salle, ensuite les chaînes payantes 10 mois plus tard, puis les chaînes gratuites après 22 ou 27 mois (en fonction de leur investissement dans le film), enfin la VoD par abonnement, ou SVoD, au bout de 3 ans. Or, le modèle qui justifie cette chronologie présuppose, de la part des spectateurs, une recherche systématique de la solution de consommation la moins chère possible. L'expérience du secteur de la musique montre pourtant que cela ne correspond pas aux modes de vie actuels. Le public peut à la fois désirer une pratique souple et rapide et plébisciter des formes de spectacle plus traditionnelles.

Nul ne songerait à interdire la vente de CD au cours de la tournée d'un artiste, et aucun artiste ne s'est jamais plaint de la concurrence des CD au moment de remplir une salle. Les œuvres musicales et cinématographiques ne

---

3. *On peut citer l'exemple de* Projet X, *film sorti en 2012 racontant l'histoire d'une bande d'ados qui organisent malgré eux une fête dantesque. Porté de manière organique par les réseaux sociaux, il devint l'étendard des adolescents fêtards, se hissa au 7ᵉ rang des sujets les plus commentés de l'année sur Facebook et généra des dizaines de soirées dont l'objectif affiché était d'en reproduire le chaos.*

se consomment certes pas de la même manière, et la musique se prête davantage que le cinéma à une réécoute fréquente. Mais il est important, de comprendre que la gratuité (légale ou illégale) des contenus n'est ni une fatalité ni une perspective unique pour qui sait s'adapter aux demandes diverses des consommateurs.

L'avenir est bien dans l'hybridation des pratiques, que les technologies actuelles autorisent de plus en plus, et qui doit pouvoir être rentabilisée... à condition de comprendre les ressorts du consommateur et de répondre à ses attentes.

Comme l'a récemment déclaré Jeffrey Katzenberg, PDG de Dreamworks, « dire qu'internet va rendre obsolète la télévision linéaire, serait aller à l'encontre de toute l'histoire demi-millénaire des médias. Car tout au long de cette histoire, il n'existe pas un cas où une forme de média ait remplacé une autre apparue plus tôt ». Selon lui, « chaque nouvelle technologie donne un nouveau rôle à celle qui l'a précédée [...] chaque nouveau média apporte des qualités supplémentaires aux médias déjà en place », le tout contribuant à forger une expérience de plus en plus complète[4].

Car la pratique du public ne saurait se limiter à une simple alternative entre grand spectacle ou visionnage en catimini. De nombreux autres services sont envisageables, qui justifient tous le paiement d'une prestation et offrent des perspectives de développement pour les industries culturelles.

---

4. *Pascal Lechevallier, « MIPCOM : Jeffrey Katzenberg, PDG de Dreamworks, dévoile le "Paradigme Parfait" », ZDNet.fr, 2013.*

Certains considèrent même que le piratage, à condition d'être inclus dans une économie globale, peut être un facteur de succès commercial pour un film, car il participe à son marketing. La direction américaine de Time Warner, par la voix de Jeff Bewkes, a récemment été jusqu'à considérer que l'important piratage de la série *Game of Thrones* était comparable en termes d'impact au gain d'un Emmy Award, car il amplifiait la notoriété de la série, accroissait son impact et lui apportait, tous comptes faits, davantage de spectateurs[5]. Un pragmatisme qui prend acte du fait que, dans notre époque d'hyperchoix, le succès appartient aux contenus qui savent mieux se faire entendre que leurs concurrents, quel que soit le moyen employé.

Aussi provocatrice soit-elle, une telle posture montre que l'opposition frontale et définitive entre les médias et les modes de consommation ne correspond ni à la réalité des aspirations des consommateurs, ni à celle du marché. Plutôt que de lutter coûte que coûte contre tout ce qui remet en cause le schéma traditionnel, chronologique et séquentiel, de diffusion des œuvres, la réalité des technologies actuelles et du « millefeuille » qu'elles proposent doit conduire à développer de nouvelles offres et à explorer de nouvelles perspectives commerciales autour d'une hybridation.

La même logique vaut pour la plupart des industries confrontées à une évolution technologique accélérée. Dans le monde des jouets traditionnels, par exemple, où les motifs d'inquiétude sont sans doute aussi importants que dans celui du cinéma, bon nombre d'observateurs

---

5. Todd Spangler, « *Time Warner's Bewkes: Piracy of HBO "Game of Thrones" Is "Better Than an Emmy"* », Variety, 2013.

s'accordent à prédire que l'explosion des jeux électroniques réduira les jouets traditionnels à la portion congrue. Les potentialités interactives s'avèrent plus fécondes que prévu, à condition de savoir les exploiter et d'être capable d'imaginer, là encore, des hybridations.

C'est ce qu'a récemment prouvé la société Activision qui, en 2011, a lancé les Skylanders, petites figurines qui s'intègrent à un jeu vidéo, le jouet venant enrichir le jeu et y évoluer, dans un univers aux frontières floues. Ce pari, audacieux en apparence, s'est révélé un vrai succès : dès la première année, Activision a vendu plus de cinquante millions de figurines, tandis que le jeu vidéo concerné procurait plus de cinq cents millions de dollars de revenus. Aujourd'hui, d'autres sociétés se sont engouffrées dans la brèche et proposent elles aussi des « jouets augmentés » ; par exemple, Disney a créé des produits compatibles avec les consoles traditionnelles[6], tout en rencontrant moins de succès qu'Activision (ce qui accrédite au passage la thèse du « *first mover advantage* » selon laquelle les pionniers de l'innovation acquièrent des positions de marché préférentielles difficiles à contester).

L'exemple des jouets est loin d'être exceptionnel. En réalité, c'est la majorité des activités qui peuvent demain bénéficier de la multiplication des outils numériques et trouver dans leur exploitation combinée et intelligente de nouvelles perspectives de développement[7]. Car chacune

---

6. *Caroline Jacquot, Nadine Medjeber, Geneviève Petit et Benoit Zante*, « *TV 2.0, Smart TV meets smart audience* », Havas Média France, *2012*, art. cité.
7. *Darrell K. Rigby et Suzanne Tager*, « *Leading a Digical transformation* », Bain & Company, *2014*.

de ces évolutions va dans le même sens : celui d'une amélioration de l'expérience vécue par le consommateur, à qui la technique propose désormais des potentialités d'une richesse extrême. Ce consommateur devrait-il y renoncer sous prétexte que cela déséquilibre les marchés traditionnels ? Ne doit-on pas au contraire favoriser cette évolution, qui ouvre des voies de progrès et de développement considérables ?

Ainsi, alors que l'on ne cesse d'annoncer en France que l'essor d'Amazon signerait la mort des librairies de quartier, les chiffres observés aux États-Unis semblent aboutir à la conclusion inverse : loin de nuire aux petites librairies, l'expansion du libraire en ligne aurait favorisé leur développement[8]. Si certains vendeurs de livres ont pâti de la concurrence du commerce en ligne, ce sont plutôt les grandes chaînes, qui peinent désormais à trouver leur place entre le conseil personnalisé et chaleureux de la librairie indépendante et le choix et les tarifs avantageux de la plateforme internet. Tandis que de nombreuses petites librairies américaines ont su adapter leur offre aux attentes de leurs clients, désireux de pouvoir profiter à la fois de la proximité et du service qu'offrent les enseignes indépendantes, et du confort du commerce en ligne.

Qu'on le veuille ou non, cette évolution des pratiques est inscrite au cœur même de la révolution numérique, qu'entraîne en permanence une logique d'enrichissement, de sédimentation et de complémentarité. Dans le monde de l'internet et de l'interactivité, les produits qui ont du succès sont toujours ceux qui permettent à chacun de se

---

8. Nate Hoffelder, « *Amazon Slayed a Negative 77 Indie Bookstores in 2012* », The Digital Reader, 2013.

les approprier, de les enrichir, voire de les détourner de leur destination initiale.

Microsoft doit son succès à sa capacité à fonctionner sur n'importe quel type d'ordinateur ; le choix récent qu'a fait son nouveau CEO, Satya Nadella, de proposer la fameuse « suite Office » (les logiciels Word, Excel, Powerpoint) sur les tablettes d'Apple, sa rivale de toujours, témoigne de cette vision renouvelée[9]. Apple a, quant à lui, assis son hégémonie sur la distribution de musique, en laissant iTunes accéder au monde du PC. Le *New York Times* est de nouveau le journal le plus lu au monde depuis qu'il a autorisé l'exportation de ses articles vers les principaux réseaux sociaux, même si, nous le verrons, il lui reste à trouver le chemin de la réinvention de son activité.

C'est par l'ouverture maximale, par le partage, par le refus de tout cloisonnement que se font aujourd'hui les plus grandes réussites du secteur culturel, et non par la construction désespérée de digues destinées à contenir d'anciennes formes de propriété. Que ces dernières ne soient plus adaptées aux pratiques et aux réalités technologiques de l'époque ne signifie pas que nous devions renoncer à toute forme de propriété, mais plutôt qu'à l'« âge de l'accès »[10], la valeur d'un bien ou d'une entreprise provient moins d'une possession matérielle figée que de sa capacité à créer du mouvement et à se renouveler en permanence. C'est ainsi que Google n'hésite pas à financer le développement de projets personnels conçus

---

9. Alex Wilhelm, « *Satya Nadella's Vision For A New Microsoft* », TechCrunch, *2014*.
10. *Jeremy Rifkin*, L'Âge de l'accès, op. cit.

par ses employés, considérant qu'il y a là une source de croissance et d'évolution qui ne peut être que bénéfique à l'entreprise : 20 % du temps des développeurs de la compagnie peut ainsi être consacré à la créativité, à la recherche, au tâtonnement.

Nul ne peut prévoir précisément où mènera la révolution numérique. La seule certitude est qu'elle se fondera de façon durable sur une hybridation incessante des technologies, à laquelle répondra à son tour une hybridation incessante des pratiques, donc des publics.

Chapitre 2

Les publics

> « *Être homme, [...] c'est sentir, en posant sa pierre,
> que l'on contribue à bâtir le monde.* »

Antoine de Saint-Exupéry

Habituée des signatures scientifiques les plus confirmées et les plus prestigieuses, la revue britannique *Nature* a fait sensation à l'automne 2011 en publiant une étude très sérieuse[1] portant sur la structure tridimensionnelle d'une protéase rétrovirale du SIDA du singe et comptant parmi ses auteurs des joueurs du jeu vidéo en ligne Foldit, certains à peine adolescents.

Cela faisait plus de dix ans que les scientifiques échouaient à déterminer la manière dont les acides aminés et les liaisons peptidiques de cette protéine se combinaient. S'ils connaissaient la composition chimique de la molécule, ils ne parvenaient pas à en déduire sa structure, information essentielle à la mise au point d'un traitement capable d'empêcher son développement. La découverte de

---

1. *Firas Khatib, Frank DiMaio, Foldit Contenders Group, Foldit Void Crushers Group, Seth Cooper, Maciej Kazmierczyk, Miroslaw Gilski, Szymon Krzywda, Helena Zabranska, Iva Pichova, James Thompson, Zoran Popović, Mariusz Jaskolski et David Baker, « Crystal structure of a monomeric retroviral protease solved by protein folding game players », Nature, 2011.*

cette structure, qui obéit à des lois complexes rendant les possibilités de combinaisons quasiment infinies, échappait aux capacités de calcul pourtant puissantes des ordinateurs. C'est pourquoi Seth Cooper, professeur d'informatique de l'Université de Washington, a eu l'idée de créer Foldit, un *serious game* (soit un jeu associant intention sérieuse et ressorts ludiques) dédié au sujet. Il était convaincu que « les gens ont des capacités de raisonnement dans l'espace bien supérieures à celles des ordinateurs[2] ».

Le principe de Foldit était relativement simple : en suivant les règles qui régissent les chaînes d'acides aminés, les joueurs devaient tâcher d'identifier la manière la plus efficace de combiner les différents éléments de la protéine en question. Chacune de leurs tentatives était sanctionnée par un score, correspondant au niveau d'énergie de la protéine ainsi disposée.

Des milliers de joueurs, dont la plupart n'étaient pas scientifiques, s'y sont donc essayés. En dix jours à peine, ils ont réussi à déterminer la structure probable de la molécule, que les scientifiques n'ont eu ensuite qu'à peaufiner jusqu'à trouver le modèle exact de l'enzyme recherchée. Comme l'explique Zoran Popovic, professeur d'informatique à la Washington University[3], « Foldit est la preuve qu'un jeu peut transformer un novice en un expert », les non-scientifiques ayant souvent obtenu des scores supérieurs à ceux de chercheurs professionnels.

---

2. Chloé Woitier, « Des joueurs en ligne résolvent une des énigmes du sida », Le Figaro, *21 septembre, 2011.*
3. Ibid.

Foldit a prouvé que les savoirs les plus pointus, même combinés aux machines les plus perfectionnées, pèsent peu de poids face à la puissance collective de milliers d'individus anonymes répartis à travers le monde mais travaillant ensemble à un même objectif. Un simple *serious game* a permis de prouver que la capacité d'exploration et d'intelligence n'appartenait à aucune caste, aucune profession, à aucun groupe établi. Avec l'avènement des réseaux, les peuples ont désormais la possibilité de prendre le pouvoir dans des domaines qui, comme la biologie, demeuraient jusqu'ici l'apanage d'une élite fermée. Ils en ont d'autant plus la possibilité que leur nombre leur donne une puissance inégalée, dont la science, comme naguère la politique, aura désormais besoin pour progresser.

—— Une nouvelle intelligence collective

Telle est la démonstration opérée année après année par Wikipédia, l'encyclopédie en ligne contributive fondée en 2001 à laquelle travaillent chaque jour quelque cent mille *auteurs* bénévoles à travers le monde. Profanes ou spécialistes, tous œuvrent anonymement à l'élaboration d'un projet unique, somme de savoirs incomparable avec toutes les tentatives de ce type qui ont pu précéder. En décembre 2013, Wikipédia avait publié plus de 21 millions d'articles en 270 langues, sachant que le nombre s'accroît au rythme de 8 000 nouvelles entrées chaque jour, et plus de 12 millions de modifications chaque mois.

Surtout, comme l'a montré une étude de 2005, le taux d'erreur constaté sur Wikipédia est comparable à celui d'une encyclopédie papier. Cela s'explique non seulement par la capacité d'un tel projet à s'adapter aux données par nature évolutives de la science et de la technique, et de mettre à jour en permanence les informations qu'il contient, mais aussi et sans doute davantage par l'incomparable capacité d'émulation et de perfectionnement du réseau, qui peut conjuguer en permanence les connaissances, les raisonnements et les réflexes critiques de millions de cerveaux anonymes à travers le monde.

—— Un nouvel acteur

Comme les joueurs de Foldit, les wikipédiens obéissent à d'autres motivations que celles qui poussent traditionnellement un individu à faire des efforts. Ne cherchant apparemment ni le gain, ni la gloire, ces tenants d'un modèle plus libre et plus coopératif – plus démocratique – sont mus par l'ambition de contribuer à améliorer le monde et à faire triompher la vérité. S'éloignant du schéma d'Adam Smith – qui expliquait que l'on devait son pain à l'égoïsme du boulanger plus qu'à son hypothétique générosité, la volonté de gagner de l'argent étant la meilleure motivation du travail bien fait –, ces nouveaux acteurs proposent un nouveau paradigme, correspondant à un nouvel âge du savoir, bien entendu, mais également de l'économie et de la politique.

De même que le modèle de production des connaissances fondé sur la rareté de l'intelligence et sur son monopole par quelques-uns cède peu à peu le pas à un monde dans lequel l'intelligence est une donnée foisonnante (à condition de savoir la mobiliser), nous sommes entrés dans une société de « pairs à pairs », dans laquelle les rapports hiérarchiques et l'opacité sont quotidiennement battus en brèche. Avec le déploiement des réseaux dans tous les secteurs, nous voyons se constituer partout de nouveaux rapports non seulement entre les individus, mais aussi entre les entreprises et leurs clients, entre les États et les citoyens.

Partout où s'exerce un pouvoir, celui-ci doit désormais prendre en compte l'émergence d'un nouvel acteur, aussi puissant que diffus, aussi spectaculaire qu'anonyme, aussi indispensable que redoutable. Cet acteur, qui s'est par exemple incarné sur la scène politique et diplomatique en 2003 avec le mouvement des *Anonymous* ou lors des révélations de Wikileaks, n'est autre que la masse considérable des internautes qui, par les réseaux, se sont emparés du savoir et qui prouvent que ce dernier est à la fois une arme de pouvoir et, pour ceux qui savent le mobiliser, un outil de création de richesse.

Ils donnent ainsi corps à la « troisième révolution industrielle » dont l'avènement est annoncé depuis l'apparition d'internet et la démocratisation de l'informatique : une révolution qui, comme les précédentes, n'est pas seulement économique, mais aussi culturelle et politique.

Correspondant à l'invention de la machine à vapeur et à la diffusion des idées des Lumières, la première révolution industrielle a été caractérisée par le partage inégalitaire d'une information rare. Elle a donné corps à un modèle politique particulier, issu de la Révolution française, celui des droits de l'homme, instaurant une démocratisation partielle du pouvoir et affirmant les droits civiques.

La deuxième révolution industrielle a coïncidé avec l'apparition de l'électricité et du moteur à explosion. Elle a porté le modèle politique qui a prévalu en Occident au XXᵉ siècle : celui de la démocratie sociale et des droits afférents. Dans le domaine de l'information, cette époque fut celle de la scolarisation universelle et de l'apparition des médias de masse, autrement dit d'un partage large de savoirs produits de manière restreinte.

La troisième révolution industrielle se caractérise au contraire par la diffusion universelle de savoirs extrêmement larges et par une abolition de la frontière entre producteurs et consommateurs de ces savoirs. Ce bouleversement entraîne de nouvelles manières de gérer la société, la politique et l'économie, que nous commençons à percevoir. Partout, les structures hiérarchiques et figées sont contestées. Le pouvoir ne peut plus asseoir sa légitimé sur la seule autorité, il doit être capable de conjuguer des dimensions participatives, ouvertes et parfois ludiques.

Le modèle porté par les réseaux ne bouleverse pas seulement la manière dont chacun accède aux biens ou aux services. Il est surtout porteur d'un esprit démocratique, frondeur, libertaire, créatif, incarné par des individus désireux de conserver leur liberté et prêts pour cela à inventer leurs propres règles. Les logiciels libres, comme les contenus qui se développent en ligne, sont la preuve de l'esprit indépendance qu'ils défendent jalousement et dont nous commençons à peine à percevoir les effets politiques. Les « printemps arabes » de 2011 ont été l'une des manifestations de cette puissance des foules connectées et animées par des valeurs de liberté et d'égalité. Avec d'autres phénomènes, dont les *anonymous* sont l'incarnation la plus spectaculaire à l'échelle mondiale, ils ont signifié la volonté des peuples d'être associés à la prise de décision, de contribuer de manière ouverte et directe à l'invention de leur avenir et de refuser les distances entre gouvernants et gouvernés, caractéristique des âges précédents de la démocratie.

L'ensemble de la société est touché par ce mouvement d'hybridation du pouvoir. Non seulement les internautes créent des logiciels et des contenus, mais ils changent aussi les modes de transmission et d'élaboration des biens et des idées, imposant des règles plus horizontales et plus ouvertes. Tripadvisor, Doctissimo, tous deux fondés en 2000, ou les sites de partage de musique en témoignent, qui correspondent à des mouvements d'appropriation par les internautes anonymes de privilèges autrefois détenus par quelques-uns : les auteurs de guides touristiques, les médecins ou les diffuseurs de musique pour les exemples évoqués. Ils créent ainsi une nouvelle organisation sociale, plus paritaire et égalitaire, dans laquelle chacun a le droit de partager l'information et de s'approprier le pouvoir que sa maîtrise engendre.

Internautes et entreprises hybrides

S'il est profond et diffus, ce mouvement n'est pas pour autant entièrement spontané. Comme le montrent les exemples de Foldit ou de Wikipédia, il s'appuie d'abord sur les possibilités offertes par des solutions technologiques adaptées, qui savent susciter et faire fructifier les potentialités d'hybridation. Le principe du *wiki*[4] (terme qui désigne un site web créé et illustré via le principe du *crowdsourcing*, c'est-à-dire de manière collaborative par ses utilisateurs), ainsi que toutes les innovations interactives qui ont permis l'éclosion de ce que l'on a appelé le web 2.0, ont joué et continuent de jouer un rôle majeur dans la mobilisation de ces

---

4. *Le mot wiki proviendrait de l'hawaïen, ce mot signifiant « vite », « rapide ».*

potentialités. Cette manière de produire, qui utilise les compétences et l'enthousiasme des réseaux pour créer de la valeur, est devenue déterminante pour n'importe quel projet entrepreneurial. Elle est à la fois infinie dans ses potentialités et capricieuse dans sa mobilisation, se montrant tour à tour extrêmement féconde ou totalement rétive. Mais son coût demeure dérisoire par rapport à ses potentialités.

Google a été l'un des précurseurs en la matière, en décidant d'utiliser les internautes comme matière première de son offre de recherche. Alors que l'indexation de la toile était jusqu'alors réalisée, chez Yahoo! par exemple, par des étudiants chargés de parcourir le web et d'en identifier les pages les unes après les autres, les créateurs de Google, Larry Page et Serguei Brin, ont eu l'idée révolutionnaire de fonder le travail de leur moteur de recherche sur les liens déjà empruntés par les internautes eux-mêmes. C'était la garantie d'un résultat plus pertinent, car correspondant aux usages et aux besoins réels des consommateurs, et surtout bien plus facilement accessible, car gratuit et sans cesse enrichi de nouvelles données du seul fait de la navigation spontanée des internautes à travers le monde. À un modèle monolithique, dans lequel la capacité de production des contenus est interne à l'entreprise, Google a substitué un schéma hybride tirant parti de toute la puissance de l'activité des internautes.

En utilisant cette activité, Google a réussi à transformer l'intelligence collective mise en évidence par les exemples de Foldit ou de Wikipédia en service universel et profitable, qui lui a permis de devenir l'une des sociétés les plus florissantes au monde. Au cœur de son succès se trouve donc un double mouvement d'hybridation, fondamental pour comprendre les évolutions en cours : d'une part l'hybridation de la structure, qui perd le monopole de la création et doit la partager avec des forces extérieures ; d'autre part, l'hybridation des internautes, cette foule d'individus ni tout à fait clients, ni tout à fait producteurs, ni tout à fait critiques, mais tout cela à la fois, pour peu que l'on sache les intégrer dans un schéma de production et d'organisation qui les laisse s'exprimer.

Les entreprises les plus performantes dans l'utilisation de cette nouvelle ressource sont celles qui ont su apporter une touche de *gamification*[5] au *crowdsourcing*. La plateforme Kaggle s'en est fait une spécialité, en « transformant la science des données en sport ». Elle a développé une proposition très simple, mais à l'efficacité démontrée : mettre en relation des entreprises et des ingénieurs, statisticiens ou mathématiciens en organisant des concours d'analyse et de traitement de données[6]. Les lauréats reçoivent des récompenses financières, les premiers prix se chiffrant parfois en millions de dollars ; mais les participants semblent tout autant motivés par le classement qu'ils ont obtenu à l'issue de la compétition, par le statut et la célébrité qui l'accompagnent et par la possibilité d'inscrire dans leur CV leur rang dans cette méritocratie.

---

5. *Ludification en français, ou l'utilisation des principes et mécanismes du jeu pour la résolution de problèmes dans d'autres domaines.*
6. *Lélia de Matharel, « Les champions de la gamification : Kaggle, quand le traitement du big data devient une compétition »,* l'Usine Digitale, *2014.*

Les entreprises doivent donc s'ouvrir à ces apports nouveaux, faire fructifier cette énergie disponible en abondance qui ne demande qu'à s'exprimer et à participer au mouvement créatif. Comme le montrent Nicolas Colin et Henri Verdier dans un essai consacré au pouvoir de cette foule qu'ils nomment *multitude*, il y aura « presque toujours plus d'intelligence, plus de données, plus d'imagination et de créativité à l'extérieur qu'à l'intérieur d'une organisation [7] ». C'est pourquoi, plutôt que de créer des systèmes fermés dont le perfectionnement est laissé aux soins exclusifs de quelques-uns, il est préférable de privilégier des objets ouverts, auxquels chacun peut apporter un peu de son intelligence et de son imagination.

Les bénéfices à en retirer seront évidents pour les services et les biens ainsi produits, du fait de leur capacité à rencontrer un public et à s'attirer la bienveillance de cette multitude qui n'est ni purement consommatrice ni purement productrice, mais bel et bien hybride. « Les activités économiques les plus prospères, notent Colin et Verdier, ne sont pas celles qui disposent de la plus puissante force de frappe publicitaire, mais d'abord celles qui construisent une expérience utilisateur riche et stimulante, celles qui facilitent l'expérimentation ou qui donnent à leurs utilisateurs *des choses à faire* [8]. » À l'échange et au don, qui constituaient jusqu'à présent les deux seules manières d'envisager une transaction de valeur, s'est ajoutée la contribution, qui est le type même d'activité hybride, ni totalement commerciale, ni totalement charitable.

---

7. *Nicolas Colin et Henri Verdier,* L'Âge de la multitude, *Paris, Armand Colin, 2012, p. 46.*
8. Ibid., *p. 57.*

Cette contribution, qui affirme son ambition d'améliorer le fonctionnement des entreprises, est un élément nouveau de notre monde. À la fois moralisatrice et agissante, elle représente aussi bien une menace qu'une potentialité pour les sociétés. Sa mobilisation, qui obéit à des règles complexes, comme l'usage optimisé de ces ressources nouvelles, constitue donc un défi de taille. Car les contenus ainsi produits, les UGC (*users generated contents*, ou contenus générés par les utilisateurs), cumulent les avantages d'une disponibilité infinie, d'un coût quasiment nul et d'une régénération permanente. Sans compter les effets de viralité qui en font un outil de marketing et de communication sans égal, chacun prenant un plaisir spontané à diffuser des contenus dont il se sent pour partie responsable et qui lui donnent l'occasion d'exprimer sa personnalité.

Bien plus qu'une simple matière première qu'il conviendrait seulement d'exploiter de manière plus ou moins habile, la multitude devient surtout un objectif pour les entreprises : une puissance à construire, un relais à entretenir, une clientèle à fidéliser.

L'exigence d'un nouveau dialogue

Au cœur de l'usage de la multitude, la recommandation fait de chaque internaute un prescripteur en lui donnant un pouvoir de diffusion instantané et quasi universel. Que l'on songe simplement au fait que plus de 23 % du trafic mondial de l'internet proviennent de Facebook, selon les chiffres de 2014[9], c'est-à-dire que près

---

9. *Emil Protalinski, « Facebook's Referral Traffic Share Grew over 10% in Q2 2014 »*, TNW, *2014*.

d'un quart des pages de la toile vues par les internautes leur ont été recommandées par des proches.

Il y a là un véritable challenge pour tout responsable marketing, qui doit admettre que les méthodes hier utilisées pour faire parler de son entreprise revenaient globalement à crier dans le noir en espérant que quelqu'un l'entende. Il avait beau choisir le meilleur endroit et le meilleur moment pour pousser son cri, rien ne lui permettait de savoir qui exactement l'information atteignait, auprès de qui elle était relayée et à quelle vitesse elle se diffusait.

Il en va tout autrement aujourd'hui, où nous avons une connaissance de plus en plus précise des usages de la multitude. Le schéma de Meg Pickard, ancienne *community manager* du *Guardian*[10], a pu mettre en évidence de manière ludique la façon dont une information se diffusait sur internet : un contenu viral mettra en moyenne une heure et demi pour atteindre les utilisateurs de Twitter les plus assidus, une heure de plus pour ses utilisateurs normaux, cinq heures pour les usagers de Facebook, douze heures pour leurs collègues, une journée pour être repris par un journal en ligne, deux jours pour être connu des utilisateurs occasionnels des réseaux sociaux, une semaine pour être cité dans une émission de télévision, deux semaines pour parvenir à votre mère et trois mois pour être détourné dans une publicité...

Au-delà de son caractère amusant, ce schéma met en évidence certaines règles communes à la diffusion de tous

---

10. *Meg Pickard écrit ce tweet, assorti de son illustration, en 2013 : « Ever Noticed how Viral Videos/links Spread out across the Social Web like a Tsunami, or Nuclear Fallout? »*

les contenus sur internet et au principe de la viralité qui impose de nouveaux standards et contribue à une désaffection généralisée à l'égard des pratiques publicitaires traditionnelles. Celles-ci pâtissent directement des nouvelles attentes induites par l'utilisation du web 2.0 et par l'esprit frondeur qui caractérise ses usagers. Ainsi, en 2012, on estime à 170 milliards de dollars les sommes dépensées en marketing direct sur le marché américain[11]. Or, seuls 3 % des clients ciblés par ces campagnes déclarent avoir procédé à un achat après avoir reçu des publicités non sollicitées. Ce taux descend à 0,01 % pour les publicités en ligne, ou *display*. Ce qui revient à dire qu'en un an, près de 165 milliards ont été dépensés aux États-Unis avec pour seul effet d'ennuyer les gens.

Ce rejet des pratiques publicitaires classiques est le produit du double mouvement porté par les réseaux : d'une part, une méfiance croissante à l'égard d'entreprises aux ambitions monolithiques trop évidentes, dont le seul but est le profit et qui ne savent donc pas flatter et encourager le caractère hybride de leurs clients ; de l'autre, le refus d'une démarche traditionnelle qui prend les individus pour des données interchangeables et qui ne voit pas la spécificité de chacun, pourtant devenue l'une des clés du fonctionnement d'un réseau qui autorise désormais de s'adresser à chacun en propre.

L'une des caractéristiques de cette multitude – ou foule, selon le terme que l'on choisira – est précisément de n'être pas une masse indifférenciée, mais plutôt l'association consciente et originale de millions

---

11. « *No Hiding Place* », The Economist, *25 mai 2013.*

d'individus qui réclament que la singularité de chacun soit reconnue. Pour les entreprises, cela implique de construire leur stratégie de marque, non pas avec une clientèle, mais avec des clients ayant chacun leurs particularités. C'est seulement en tissant un lien unique, fondé sur la reconnaissance individuelle, l'échange, le service rendu et la fidélité que l'on peut s'adresser à son public de manière satisfaisante.

Ce lien va donc au-delà d'un rapport exclusivement commercial. Il suppose que la valeur d'un consommateur ne réside pas tant dans l'argent qu'il dépense au cours d'une transaction ponctuelle que dans sa relation durable à la marque. Pour une entreprise hybride, la valeur d'un client tient surtout au bruit qu'il fait, ou qu'il sera capable de faire, autour de ses produits. Elle doit donc créer avec lui une relation nouvelle, construite autour d'émotions communes, qui permettra à ce client de se sentir valorisé dans ce qu'il est et dans ce qu'il fait, et pas seulement dans ce qu'il consomme.

Pour les entreprises confrontées à cette nécessité d'hybridation, il y a là bien plus qu'un simple ajustement de leur stratégie marketing : une remise en question en profondeur de leur manière d'envisager leur rapport avec l'extérieur. Elles ne doivent plus se sentir l'unique dépositaire de sa marque, mais en partager l'essence avec ceux qui la font vivre au quotidien : ses consommateurs.

En témoignent les difficultés rencontrées par certaines sociétés face au désir d'appropriation de certains clients, qui se sentent propriétaires d'une partie de la marque et autorisés à la faire vivre et à l'animer au gré de leurs passions et de leurs émotions. Les réflexes traditionnels, issus d'une vision exclusive du droit de la propriété, et qui conduisaient les entreprises à interdire toute utilisation spontanée de leur identité ou de leur marque, sont désormais déconsidérés par l'irruption de ces nouveaux comportements. Au point que l'entreprise qui s'y trouve confrontée doit impérativement modifier son approche de ces phénomènes, sous peine de perdre ce sur quoi elle fonde sa valeur – sa relation avec ses clients – et par là même son identité... dont les meilleurs dépositaires, finalement, ne sont autres que les clients eux-mêmes.

Nutella, par exemple, en a fait la cuisante expérience En 2007, une fervente consommatrice, Sara Rosso, décidait de lancer une « journée mondiale du Nutella »[12]. Obéissant à des réflexes classiques – désirant donc conserver son pouvoir monolithique sur sa marque –, Ferrero vit d'un mauvais œil se profiler cet événement non officiel qui suscita pourtant plus de 40 000 *likes* sur Facebook. La société alla jusqu'à envoyer un courrier d'avocat intimant à Sara Rosso de mettre fin à son initiative. Rosso s'empressa de publier la lettre sur son blog, qui provoqua tant de réactions que Ferrero se vit contraint de soutenir son projet[13].

Dans le même registre, l'essayiste américain John Winsor[14] raconte que son fils de 8 ans, passionné d'aviation, avait envoyé à Boeing un dessin d'avion en

---

12. John Winsor, « *Being Digital Demands You Be More Human* », Harvard Business Review, *6 juin 2013.*

13. *Alors que j'écris ces lignes, je découvre la dernière initiative marketing de Nutella, qui consiste à demander aux consommateurs, pour les 50 ans de la marque, de partager leur plus beau souvenir Nutella. Certaines entreprises, heureusement, apprennent vite.*

14. John Winsor, « *Being Digital Demands You Be More Human* », art. cité.

proposant à la société de le construire et reçu en guise de réponse une lettre des services juridiques du constructeur lui intimant de ne pas utiliser le logo de Boeing dans ses activités. Publié sur internet, le courrier en question entraîna tant de réactions que Boeing finit par comprendre son erreur et par inviter la famille Winsor au siège de la compagnie afin de permettre au jeune fan de découvrir comment on construisait les avions.

— L'importance des signaux faibles

Ces deux exemples prouvent la difficulté des entreprises classiques à passer à un mode hybride, dont elles ont pourtant de larges bénéfices à attendre. Ils montrent aussi à quel point la moindre de leurs réactions, amplifiée par internet, peut induire des réactions hostiles de la part de publics qui leur sont pourtant *a priori* favorables. Désormais soumises à ce tribunal permanent d'individus qui sont tout à la fois des soutiens, des critiques et des relais, les marques doivent apprendre à adapter leurs stratégies de communication et de développement, de manière à faire de ces interlocuteurs innombrables des alliés plutôt que des censeurs.

Les grands discours sur la responsabilité sociale de l'entreprise et sur son devoir de se plier à certaines règles d'éthique prennent alors un sens bien plus aigu : évoluant dans un registre de partenariat permanent et multiple, une entreprise doit apprendre à composer avec des forces anarchiques qui peuvent rapidement constituer des armées hostiles. Plus que jamais, c'est à elle de s'adapter à ces nouveaux publics et de se mettre en capacité de leur apporter ce qu'ils attendent d'elle : de l'attention, de la fidélité, de l'ouverture. Comme le note Joe Kraus, fondateur, en 1995, du moteur de recherche Excite et fin observateur des ruptures engendrées par le développement d'internet : « Le XXᵉ siècle était celui de quelques dizaines d'entreprises ayant chacune un marché de millions de consommateurs, le XXIᵉ siècle est celui de millions d'entreprises ayant chacune un marché de quelques dizaines de consommateurs [15]. » Renversement saisissant, qui révèle moins un changement d'échelle que de paradigme. Des géants continueront d'exister, avec des modes de production et des schémas de rentabilité qui demeureront le plus souvent ce qu'ils étaient au XXᵉ siècle. Mais ils devront se mettre au diapason de leur clientèle, être capable d'anticiper ses réactions et d'apprivoiser ses émotions. Autrement dit, de passer de la fidélité transactionnelle à la fidélité émotionnelle [16].

Il est démontré aujourd'hui que les systèmes de fidélisation classiques, fondés sur le seul volume dépensé, peuvent avoir des effets pervers car ils encouragent notamment chez les clients une conception mercenaire et opportuniste de leur relation avec la marque. Mieux vaut adopter d'autres comportements et réflexes plutôt que rechercher le profit immédiat : traiter chaque client comme un individu unique et non comme un élément indifférencié d'un groupe, privilégier quelques contacts féconds plutôt que de chercher coûte que coûte à étendre le nombre de clients, récompenser l'intensité relationnelle (nombre de connexions sur le site internet de la marque,

---

15. Peter Day, « *Imagine a World without Shops or Factories* », BBC News, *11 octobre 2013.*
16. François Laxalt, « *Passez de la fidélité transactionnelle à la fidélité émotionnelle* », JDN, *8 avril 2013.*

activité liée à la marque) plutôt que l'intensité transactionnelle (nombre et volume d'achats) et, *in fine*, se donner les moyens, notamment technologiques, d'une lecture féconde des nombreuses données que chaque client lui fournit.

Cela implique surtout de changer le mode de perception du monde et de prêter une attention nouvelle à des éléments autrefois invisibles : le « méta commercial », c'est-à-dire tout ce qui accompagne la transaction sans s'y réduire. Autant de signaux faibles qui jusqu'à présent échappaient aux radars des grandes entreprises mais qui se trouvent désormais au cœur de leur stratégie, ne faisant en cela que suivre l'exemple des petites entreprises de proximité, dont la prospérité s'est toujours fondée sur l'attention individuelle que chacun y reçoit, sur l'aptitude du commerçant à se souvenir des uns et des autres ou sur les petits gestes gratuits qui entretiennent l'amitié, fût-elle intéressée.

Cette capacité à fidéliser la clientèle et à en faire une alliée se prolonge aussi par des actions plus larges, destinées notamment au grand public. Dans ce cas, c'est la méthode virale qui doit désormais primer, puisqu'elle s'appuie sur la faculté de recommandation du réseau, apte à faire passer la singularité de la marque et à s'adresser à chacun en dehors des vecteurs habituels et des discours convenus. Comme l'a montré le schéma de Meg Pickard évoqué plus haut, la diffusion d'un message par une marque obéit à certaines règles qui garantissent son efficacité. Pour cela, sa production doit répondre elle aussi à quelques principes simples.

– La valorisation : on partage d'abord ce qui nous valorise et qui nous permettra, en envoyant un contenu, d'émettre également un message sur ce que nous sommes.

– L'imitation : comme n'importe quel produit, un contenu tire aussi sa valeur de l'univers auquel il renvoie. Le fait de s'intégrer dans un mouvement plus large et de faire office de marqueur social est à cet égard déterminant.

– L'association : un contenu a d'autant plus de valeur qu'il est signifiant au-delà du seul domaine traditionnel de la marque. Des associations d'idées nombreuses et fécondes permettent de dépasser les clivages.

– L'émotion : pour produire un effet important, un contenu doit jouer sur les pulsions les plus immédiates et les plus universelles de chacun. Le rire, l'incrédulité, la peur ou la commisération en font partie, parmi d'autres.

– La dissimulation : pour ne pas polluer les effets qui précèdent, la dimension commerciale du message doit être soigneusement cachée, sinon absente. À défaut, le risque est de susciter plus de rejet que d'approbation.

– L'accumulation : la nécessité de nourrir un lien continu avec sa clientèle oblige la marque à la connaître de la manière la plus fine possible et à recueillir le plus grand nombre possible de données sur elle, données qui doivent être utilisées à bon escient au cours des étapes d'une relation suivie.

Face au défi d'une relation de marque dans un univers hybride, les entreprises doivent donc s'appuyer sur un certain nombre de comportements subtils. Mais elles sont pour cela aidées par une matière première aussi nouvelle qu'abondante : les big data.

Les ressources des big data

Pour individualiser leur relation avec le public, les entreprises disposent de deux solutions principales. La première consiste à produire des messages adaptés à ces nouvelles règles, à la manière dont le public les percevra et aux critères qui lui permettront de les relayer en créant de la viralité. La seconde, plus technologique mais non moins exigeante, est de s'appuyer sur les traces innombrables et complexes que chaque individu laisse de chacune de ses activités informatisées, autrement dit sur les big data, ou mégadonnées en français, désignant les masses de données recueillies sur le net, d'un volume tel qu'il n'est pas possible de les exploiter avec les outils classiques d'analyse.

C'est le choix opéré par exemple par Netflix et Amazon, dont les réussites trouvent leur source moins dans un lien personnel avec leurs clients ou dans une manière originale de faire parler d'eux que dans la mise au point d'outils d'analyse extrêmement précis des comportements de leurs consommateurs. L'un et l'autre ont su développer des algorithmes particulièrement efficaces, qui leur permettent de construire leur succès sur leur capacité à proposer à leurs clients des choix correspondant non pas à leurs attentes, mais à leurs désirs, fussent-ils tacites ou inconscients, qu'ils ont su anticiper grâce à ces outils.

À un modèle de recommandation fondé sur une lecture linéaire et basique des comportements (« vous avez acheté un livre de Balzac, je vous conseillerai donc d'autres livres de Balzac »), la force d'Amazon a été de substituer un modèle plus élaboré, fondé sur l'observation très fine des comportements de millions d'utilisateurs (« vous avez acheté un livre de Balzac, je vous conseillerai donc d'acheter un livre d'un autre auteur apprécié des lecteurs de Balzac »). C'est donc en étant capable de passer de la logique du fournisseur (tous les livres de Balzac classés ensemble selon l'ordre alphabétique) à celle du consommateur (les romans d'un certain genre suscitant un plaisir similaire) qu'Amazon a pu franchir un pas décisif et s'imposer comme un interlocuteur fiable pour des utilisateurs qui n'avaient pourtant pas de lien affectif particulier avec l'entreprise.

De la même manière, c'est en délaissant la logique chronologique (« je vous conseille toutes les nouveautés, indistinctement ») au profit d'une logique véritablement cinématographique (« je vous conseille tous les films, y compris anciens, correspondant à vos goûts ») que Netflix a réussi à miner les fondements de la valeur d'un film induite par la chronologie des médias : dans le monde de l'hyperchoix, la pertinence de la recommandation a plus de poids que la fraîcheur des contenus proposés. Et c'est aussi en s'appuyant sur la masse de ses données que Netflix est allé encore plus loin en proposant, avec *House of Cards*, la première série télévisée dont la conception elle-même s'inspirait des données d'usage recueillies par la plateforme. D'après Netflix (et même si les chiffres de la société ne sont pas rendus publics), le succès de la série mettant en scène un Machiavel contemporain dans les couloirs de la Maison-Blanche est tel qu'elle lui aurait permis d'attirer deux millions d'abonnés supplémentaires aux États-Unis au cours du seul premier trimestre 2013[17].

À chaque fois, ces marques ont su jouer de la masse immense des données implicites laissées sur le web par des millions d'utilisateurs pour construire des propositions correspondant au mieux à leurs attentes. Sans même avoir besoin de recourir à une action volontaire de la part des consommateurs, qui ne sont ici ni sollicités ni

---

17. Satya Ramaswamy, « *What the Companies Winning at Big Data do Differently* », Harvard Business Review, *25 juin 2013.*

stimulés, ces entreprises ont joué le jeu de l'hybridation en faisant entrer dans la définition de leur offre les pratiques des consommateurs observées en temps réel.

Ce rôle fondamental accordé à la collecte et à l'analyse de données peut être le fruit d'une politique ouverte, dans laquelle les clients sont directement sollicités et acceptent de fournir une information explicite dont ils savent qu'elle leur sera *in fine* profitable. C'est ce qu'a prouvé Nike, qui a réorienté drastiquement sa stratégie de communication depuis quelques années. De 2010 à 2013, la marque à la virgule a réduit de 40 % ses investissements publicitaires, supprimant l'essentiel de ses achats média[18]. Le modèle de publicité *top-down*, avec Tiger Woods ou Thierry Henry en tête d'affiche, s'étant usé – un phénomène bien aidé par les errements de certaines célébrités concernées –, Nike lui a substitué un dispositif interactif qui lui permet de dialoguer directement avec les consommateurs, par exemple à l'aide de bracelets mesurant les performances de chacun, ou encore par des échanges sur Twitter ou d'autres médias sociaux. L'essentiel désormais pour cette entreprise, c'est d'être là où se trouvent ses consommateurs, c'est-à-dire, pour la plupart, non pas devant la télévision mais en train d'accomplir d'autres activités plus riches de sens au regard des valeurs portées par la marque.

Cette recherche d'une individualisation des rapports avec la clientèle et d'une implication des consommateurs n'est pas totalement nouvelle de la part de Nike. Dès 2005, l'entreprise avait mis au point un concept, « Nike iD »,

---

18. *Scott Cendrowski, « Nike's New Marketing Mojo », Fortune, 13 février 2012.*

permettant aux internautes de dessiner eux-mêmes leurs chaussures, qui avait généré plus de 100 millions de ventes en ligne. Par la suite, Nike n'a cessé de multiplier les initiatives sur les réseaux sociaux, jusqu'au concept « Nike+ ».

Ce concept est né du constat par les équipes de Nike que la plupart de leurs clients faisaient leur jogging en écoutant leur iPod. Elles ont alors proposé à Apple de développer une application qui permette de synchroniser sur iPod les données de course d'un individu recueillies à l'aide de capteurs aménagés dans les chaussures. Le système mis au point permet à Nike de donner des conseils aux coureurs, et il transmet leurs résultats à la marque, qui bénéficie ainsi en temps réel d'une connaissance incomparable sur ses clients. Cette hybridation maximale permet de créer une intimité entre la marque et ses consommateurs, tout en fournissant à Nike un stock de données d'une valeur inestimable.

Au cœur de toutes ces stratégies se trouve l'exploitation des big data, que Virginia Rometty, directrice générale d'IBM, qualifie de « prochaine ressource naturelle [19] ». Quelle que soit la manière dont on l'utilise, cette source d'information quasiment inépuisable représente un continent très largement inexploré et riche de potentialités immenses. Une étude de Capgemini de 2012 en fait même la quatrième ressource des entreprises, après le foncier, la main-d'œuvre et le capital [20].

---

19. Jenna Goudreau, « *IBM CEO Predicts Three Ways Technology Will Transform The Future Of Business* », Forbes, *3 août 2013*.
20. « *The Deciding Factor: Big Data and Decision Making* », Capgemini, *2012*.

Chap*itre* 3

Les structures

> « *Les organisations développent des anticorps contre le changement. C'est pourquoi les grandes entreprises cessent d'innover. Si vous êtes l'innovateur, vous êtes comme un virus. Les anticorps veulent vous tuer.* »
>
> *Jonathan Rosenberg* [1]

La scène se déroule à Rochester, dans l'État de New York, en décembre 1975, dans les laboratoires de la société Eastman-Kodak, leader mondial des films photographiques. Steve Sasson, jeune ingénieur fraîchement diplômé de l'Institut polytechnique Rensselaer, travaille depuis un an à l'élaboration d'un appareil photographique utilisant des capteurs CCD (*charge-coupled device*, ou dispositif à transfert de charge), lorsqu'il parvient à mettre au point une curieuse machine pesant, selon les sources, trois à cinq kilos. Composé notamment d'une optique de caméra Super8, d'un enregistreur de cassettes, de 16 batteries et d'un capteur CCD, l'appareil est relié à un écran de télévision.

---

1. Drake Baer, « *Three Big Rules of Innovation from the Google Guy behind Android and Chrome* », Fast Company, *26 juillet 2013.*

Sasson fait poser une collaboratrice face à l'objectif puis appuie sur le déclencheur. C'est alors que, très lentement (c'est-à-dire en 23 secondes exactement), l'écran révèle aux quelques personnes présentes la première photographie numérique de l'histoire. D'une résolution de 100 x 100 pixels, l'image est de piètre qualité, au point que la collaboratrice, dont le visage est méconnaissable, se vexe et quitte la pièce. En inversant des câbles, Sasson parvient à améliorer l'image pour que l'on puisse distinguer le visage de son modèle. Nonobstant, son invention est accueillie avec perplexité chez Kodak. Quel est l'avenir de cet appareil lourd et encombrant dont le résultat laisse à désirer ? Comment pourrait-on stocker les images ainsi obtenues ? Et surtout, qui aurait envie de regarder ses photos sur une télévision ?

Autant de questions qui ont raison de l'enthousiasme de Sasson et poussent Kodak à se détourner de la photographie numérique, jugée sans avenir. Il faut attendre 1995 pour que l'entreprise, alors menacée, se décide à investir massivement dans cette technologie. Mais vingt ans ont passé et il est trop tard. Le marché est déjà structuré autour de quelques marques et de quelques produits installés, et les tentatives de Kodak pour monter dans le train en marche s'avèrent infructueuses. Résultat : le 19 janvier 2012, ce géant centenaire, acteur majeur de l'histoire de la photographie, déclare faillite, au moment même où la photographie devient plus populaire, plus répandue, plus accessible que jamais... grâce au numérique.

Cette histoire est régulièrement citée pour dénoncer la myopie[2] dont certains acteurs, en particulier les plus

---

2. *Theodore Levitt, « Marketing Myopia »*, Harvard Business Review, *juillet 2004.*

puissants et les plus installés, font preuve à l'égard de l'innovation. Kodak, nous dit-on, a souffert de sa suffisance, de son manque d'intérêt pour la nouveauté ou de son incapacité à comprendre l'avenir. Autant de défauts inacceptables pour une entreprise prospère.

C'est sans doute vrai, mais cela n'explique pas tout. Ce qui a plus vraisemblablement empêché Kodak de prendre le virage du numérique au bon moment, c'est simplement d'être une entreprise monolithique et, de ce fait, rétive aux exigences de l'hybridation.

Une telle entreprise, en effet, organise l'essentiel de ses activités autour d'un objectif prioritaire : la consolidation de son modèle, celui qui lui assure, jour après jour, les revenus dont elle a besoin pour s'agrandir, faire vivre ses salariés et verser des dividendes à ses actionnaires. C'est cette logique qui l'amène quotidiennement à tenter d'améliorer son offrant, dans certaines limites et selon certains schémas solidement établis, et à pratiquer ainsi un certain type d'innovation qui, tout en lui offrant un salut immédiat, constitue un piège à long terme.

Innovation d'amélioration ou innovation de disruption

Il existe deux types d'innovations, fondamentalement différentes dans leur nature et dans leurs effets. Les premières, qui sont des innovations d'amélioration, visent à renforcer le système dans lequel évolue l'entreprise. Procédant par étapes plus que par ruptures, obéissant à une logique de sédimentation, ces innovations constantes touchent au cœur du métier et du savoir-faire des géants comme Kodak. Toute entreprise leader de son secteur a ainsi développé une formidable capacité à répondre aux attentes de ses clients, en perfectionnant ses offres année après année.

Ce perfectionnement n'est pourtant pas sans effet pervers. Comme le démontre remarquablement Clayton M. Christensen dans *The Innovator's Dilemma*, un ouvrage qui fait référence aux États-Unis[3], cette élévation permanente de l'offre entraîne un décalage global du marché vers le haut de gamme. On le constate en particulier dans les secteurs à haute valeur ajoutée technologique, comme celui des disques durs, dont l'histoire sert de référence aux démonstrations de Christensen : en multipliant de manière exponentielle les capacités de leurs produits et en augmentant de ce fait leurs tarifs de manière régulière, les fabricants ont nourri en permanence une inflation généralisée du secteur.

Cette politique est rentable à court terme, car elle permet d'accroître les marges et de fidéliser les clients haut de gamme, *a priori* les plus intéressants car les plus solvables. Très vite, pourtant, cette course à la sophistication conduit les entreprises à proposer des produits qui outrepassent, et parfois très largement, les besoins du public. On peut considérer les dernières innovations du secteur de la vidéo, le format Blu-Ray, la 3D, et maintenant l'ultraHD (4K), comme représentatives de ce type de dérive vers le haut de gamme qui s'adresse à des niches de plus en plus étroites et menace rapidement d'être

---

3. *Clayton M. Christensen,* The Innovator's Dilemma. When New Technologies Cause Great Firms to Fail, *Boston (Mass.), The Harvard Business School Press, 1997. Une grande partie des raisonnements de ce chapitre sont inspirés par le travail de cet auteur.*

hors-marché. Un individu normal, même doté d'un pouvoir d'achat important, n'a pas nécessairement besoin de posséder des outils extrêmement complexes, dont il ne pourra utiliser toutes les potentialités et dont l'usage sera parfois rendu plus contraignant du fait même de son perfectionnement. Dès lors, les entreprises qui se veulent attentives à leurs clients au point de leur proposer des services et produits sans cesse plus performants créent un vide dans les secteurs d'entrée de gamme du marché, qu'elles ont tendance à déserter. L'échec relatif du Blu-Ray à soutenir la croissance des ventes vidéo est ainsi dû à son incapacité à répondre à une simple demande nouvelle des consommateurs : loin de rechercher une amélioration supplémentaire de la qualité d'image, la majorité rêve simplement de consommer ses contenus sur tous ses écrans, à tout moment[4]. Et c'est dans ces niches sans cesse renouvelées que de nouveaux entrants peuvent tenter leur chance.

Bien loin de garantir la permanence qu'elle est censée assurer, l'innovation d'amélioration peut contribuer à fragiliser les structures en apparence les plus solides. D'autant qu'en augmentant les standards des biens et des services proposés aux consommateurs, elle incite la concurrence à proposer des produits équivalents, ce qui annule très rapidement la valeur ajoutée liée à l'innovation.

---

4. *Rendons hommage à HBO, dont l'application « HBO Go » permet justement aux abonnés de la chaîne de retrouver tous ses programmes sur leurs écrans mobiles, fonctionnalité également développée par Canal+ ; des signes encourageants montrant que certaines sociétés historiques sont capables d'évoluer avec leurs publics.*

À l'opposé de ces innovations d'amélioration, les innovations de rupture, ou de disruption, relèvent d'un tout autre modèle. Il serait trompeur de voir dans ces deux types d'innovation les résultats plus ou moins aboutis d'un même processus, comme s'il n'y avait entre elles qu'une différence de degré. L'une et l'autre obéissent à des problématiques différentes : aucune révolution n'est jamais née d'interrogations sur la manière de produire un peu moins cher ou un peu mieux des produits existants.

Ces deux types d'innovation ont très logiquement des effets opposés.

Si l'innovation d'amélioration s'intègre naturellement dans la stratégie d'une grande entreprise, il n'en va pas de même de l'innovation de disruption, qui peine à y trouver sa place. Au point que, lorsqu'elle surgit dans une telle structure, c'est le plus souvent sous l'impulsion d'éléments extérieurs, qui ne tardent pas à heurter ses équilibres et ses mécaniques internes. Car, loin de proposer des *améliorations* du service, les innovations disruptives se traduisent le plus souvent par une *baisse* de la qualité de l'offre proposée.

Avec sa résolution de 100 x 100, la première photographie numérique de Kodak était de qualité médiocre comparée aux magnifiques tirages que permettaient alors les pellicules et le papier du géant de Rochester. De même, l'offre de visionnage de contenus vidéo en streaming proposée par Netflix en 2007 était d'une qualité indéniablement moins bonne que celle des bouquets de plus de cent chaînes en qualité numérique terrestre proposés par les grands *networks*. Pourtant, ces bouquets, avec leurs centaines de chaînes, étaient devenus les victimes de leurs innovations d'amélioration qui, en les déportant vers le haut du marché, avaient ouvert une niche pour une offre moins importante, de moindre qualité sans doute, mais moins chère et plus adaptée aux pratiques des clients. C'est ainsi que Netflix, en se positionnant sur une proposition différente, a pu faire le pari d'une rentabilité qui se construirait à terme, à l'aide d'autres atouts que la seule qualité de l'image et l'abondance superflue des programmes.

C'est donc que ces innovations disruptives obéissent à une autre logique. Qu'elles relèvent d'une rationalité différente de celle qui régit les entreprises classiques. Et qu'elles appellent en conséquence des stratégies sans commune mesure avec la gestion de l'innovation « classique » d'amélioration, questionnant parfois l'identité même de l'entreprise.

Pour le comprendre, il est nécessaire de repartir des caractéristiques principales qui déterminent la vie et l'évolution d'une grande entreprise. Bien des analystes s'y sont essayé et ont identifié différents paramètres. Nous retiendrons trois grands déterminants de la capacité d'une entreprise à affronter des bouleversements : la manière dont elle gagne de l'argent, la manière dont elle envisage son avenir et son organisation interne. En d'autres termes : rentabilité, développement et management.

Innovation et logiques financières

La première caractéristique d'une entreprise est d'obéir à des impératifs financiers contraignants. Autrement dit, elle tire une partie de son identité des moyens par lesquels elle gagne de l'argent.

Ces moyens sont généralement incarnés par deux figures emblématiques : le client et l'investisseur. Or, l'un comme l'autre se caractérisent le plus souvent par une opposition structurelle à l'innovation.

La première tâche de l'entreprise est de construire une relation durable, marquée par la fidélité réciproque, avec le client. Pour y parvenir, elle se doit d'être fidèle à elle-même, à son positionnement, à ses valeurs, à ses savoir-faire. Elle se doit aussi d'offrir à son client les produits dont il a exactement besoin. Des produits qu'elle maîtrise mieux que d'autres puisque sa relation ancienne avec ce client lui a permis d'apprendre à le connaître avec une grande précision et d'être instinctivement reconnue de lui. La valeur suprême d'une entreprise installée, c'est cette relation privilégiée qu'elle a tissée au fil des années avec sa clientèle.

La manière la plus logique de répondre aux attentes des clients est donc de leur proposer ce qu'ils attendent, en essayant de diminuer les coûts et/ou d'améliorer les performances des biens ou des services produits. Cela ne commande surtout pas de les remplacer par d'autres : on reste bien ici dans une logique d'innovation d'amélioration, et non de disruption.

Le même raisonnement vaut pour les investisseurs, autrement dit les actionnaires. Ceux-ci attendent d'une société qu'elle leur verse des dividendes élevés, donc qu'elle dégage du profit de manière immédiate et régulière. Dans ces conditions, il est problématique de consacrer une partie de ses revenus à des recherches aléatoires, dont nul ne peut garantir avec certitude qu'elles déboucheront un jour sur du profit. Il est bien plus rationnel et rentable de maximiser les bénéfices actuels et d'en verser le plus possible aux actionnaires.

Les seules entreprises qui puissent se permettre de vivre dans une telle logique d'aléa, ce sont précisément les start ups : celles qui n'ont pas encore de clientèle et auprès desquelles les investisseurs s'engagent dans un esprit de risque maximal et assumé. Pour le compenser, ces capitaux-risqueurs multiplient les investissements, faisant le calcul que pour cent start ups sur lesquelles ils auront misé, une seule leur fera gagner de l'argent, mais que sa croissance permettra de rentabiliser l'ensemble de leurs investissements.

Évoluant dans cette rationalité très particulière, une start up n'est donc pas jugée sur sa capacité à dégager du profit, mais plutôt sur sa capacité à croître[5], même si elle doit perdre de l'argent durant les trois premières années de son existence, ce qui est généralement le cas. Ce n'est que dans le deuxième temps de son développement, lorsque les capitaux-risqueurs initiaux cèdent la place à la bourse et à sa logique de certitudes, que les exigences plus classiques de rentabilité s'emparent d'elle, la condamnant implicitement à se concentrer sur des innovations d'amélioration. Il est d'ailleurs marquant de constater comment une entreprise comme Facebook lutte pour préserver son identité disruptive au moment même où son entrée en bourse a fait d'elle une structure classique, et à quel point Amazon a dû se battre pour défendre son modèle auprès d'analystes financiers traditionnels (au premier rang desquels on peut citer Ravi Suria, jeune recrue de la banque Lehman Brothers, qui fit douter les marchés de la viabilité financière de l'entreprise pendant plusieurs années[6]).

---

5. *Sur le sujet de la croissance des start ups, lire l'excellent article de Paul Graham publié sur son blog en 2012 :* « Startup=Growth ».
6. *Brad Stone,* The everything Store : Jeff Bezos and the Age of Amazon, *New York (N. Y.), Random House, 2013.*

── Innovation et stratégie de développement

Le deuxième élément qui caractérise une entreprise est sa stratégie de développement. Celle-ci, traditionnellement, suppose une vision claire du secteur, une capacité à se projeter à long terme et à se donner les moyens d'atteindre ses objectifs – le plus important étant d'accroître son emprise sur son marché. Cela nécessite une parfaite adéquation entre les demandes de ce marché et l'offre proposée par l'entreprise, ce qui, dans le cas d'une firme établie, impose de travailler à une échelle assez large puisqu'il lui faut répondre aux besoins d'une clientèle nombreuse et fournir en masse les services et les biens que cette clientèle désire, dans des conditions financières compatibles avec les promesses initiales.

Face à de tels impératifs, les perspectives proposées par l'innovation disruptive sont très largement inadaptées. Les marchés de niche que crée ce type d'innovation sont très loin des standards en vigueur dans les grands groupes. Lorsqu'une entreprise réalise un chiffre d'affaires de plusieurs milliards de dollars, il lui est rigoureusement impossible de se concentrer sur des innovations dont les coûts et les retombées potentielles n'excèdent pas quelques millions d'euros. Ce n'est pas l'effet d'un manque de clairvoyance, mais un phénomène logique, qui tient à la responsabilité même du management. Un dirigeant qui consacrerait à de telles spéculations une part significative de son temps risquerait fort de passer à côté des grandes évolutions et des innovations d'amélioration qui, on l'a vu, constituent sa responsabilité première. Et de fait, la formulation de cet équilibre entre maintien de l'activité sur les marchés installés et diversification sur les marchés de disruption est d'une très grande complexité pour le management des entreprises historiques confrontées à ces transitions. Le *New York Times*, dont on connaît le volontarisme dans le domaine de l'innovation et de la disruption pour son propre modèle, lutte pour résoudre ce paradoxe. Le journal doit maintenir autant que possible ses revenus du papier, tout en tentant de développer des solutions numériques. Ironiquement, ces dernières sont moins rémunératrices que l'activité historique, car elles génèrent des revenus publicitaires moindres et cannibalisent ses revenus traditionnels[7].

Face à cette situation, la logique naturelle est donc de négliger ces marchés de niche, en attendant, au mieux, que leur croissance les fasse rentrer dans les critères d'appréciation de l'entreprise. Mais il est alors le plus souvent trop tard, d'autres acteurs plus petits ayant déjà imposé leur *leadership* et acquis une légitimité et une rentabilité qui les rend difficiles à défier.

Ainsi, et pour revenir à l'exemple évoqué plus haut, lorsque Netflix proposa pour la première fois un service d'abonnement à dix dollars par mois, un tel marché de niche ne pouvait répondre aux besoins de croissance et de rentabilité d'un *cable network* dont les abonnements étaient proposés à cinquante dollars par mois. Il était évidemment plus rentable et plus sage pour ces acteurs historiques de persévérer dans leur logique et de privilégier une stratégie en accord avec leur nature – celle d'une structure lourde, devant faire face à des coûts élevés et avant tout concernée par sa pérennité.

---

7. « *Le développement numérique du New York Times dépend de plus en plus de son édition papier* », Superception, *juillet 2014*.

Car, au manque de rentabilité, s'ajoute l'absence de certitudes, dans un univers où la plupart des innovations sont vouées à disparaître au bout de quelques mois et où seules quelques-unes sauront s'attirer durablement les faveurs du public. Plus encore qu'une question d'échelle, c'est souvent l'absence de visibilité qui semble constituer le principal écueil auquel les entreprises établies se heurtent lorsqu'elles tentent de s'aventurer sur le terrain des innovations disruptives.

Contrairement aux pratiques habituelles du commerce, elles ne peuvent alors s'appuyer sur aucune certitude, les marchés qui n'existent pas encore ne pouvant, par définition, être analysés. Or, la capacité d'analyse et de prévision ainsi que la faculté à agir selon les résultats de ces analyses et de ces prévisions sont bien les éléments qui font le succès des grandes entreprises et qui expliquent leur réussite face aux évolutions du monde. En leur absence, il paraît difficile à une entreprise d'accorder de l'importance à des hypothèses qui risquent, au mieux, de la détourner de ses savoir-faire traditionnels, de brouiller son image et de compliquer sa stratégie, sans réelle perspective de retour sur investissement.

L'innovation de disruption pose ainsi la question de l'identité même de l'entreprise. En proposant de nouveaux territoires d'expansion, en défiant les logiques internes et les grands équilibres qui structurent son développement, elle ne fait pas que remettre en cause les données financières d'une entreprise : elle interroge plus profondément sa vision d'elle-même, son discours de marque, ses équilibres politiques. Les quelques millions qu'une grosse structure engage dans les aléas de l'innovation de disruption ne pèsent évidemment pas du même poids que les centaines de millions qu'elle investit dans l'innovation d'amélioration. Et pourtant, en questionnant l'avenir même de l'entreprise, ils l'obligent à des réorganisations et à des rééquilibrages potentiellement très lourds.

À tel point que, pour y faire face, Clayton M. Christensen[8] recommande une solution radicale, probablement la partie de son analyse la plus souvent remise en cause par ses détracteurs[9] : celle qui consiste à séparer les activités disruptives des autres activités de l'entreprise. Constatant l'incapacité de la plupart des structures à supporter les grands bouleversements, il en tire la conclusion que la seule manière de concilier la double exigence du présent et de l'avenir consiste à créer une petite entité isolée, spécialement consacrée à l'innovation. Dotée d'un budget propre, dégagée des obligations vis-à-vis de la clientèle et capable de se définir par des projets autonomes, une telle entité paraît seule capable de faire éclore et croître les idées et les inventions sans être immédiatement écrasée par les logiques internes et les inerties de l'ensemble.

Plus encore : en créant un modèle concurrent au sein même de l'entreprise, cette scission des activités entraîne une émulation qu'il est nécessaire de cultiver. Le défi est alors de trouver un *modus vivendi* acceptable entre deux entités dont l'une tente généralement de cannibaliser l'autre. C'est un défi complexe à assumer, mais inévitable

---

8. *Clayton M. Christensen*, The Innovator's Dilemma, op. cit.

9. *Jill Lepore a publié une remise en cause profonde de la théorie de Christensen, suscitant des débats passionnés entre tenants de l'un et l'autre camp :* « The Disruption Machine », New Yorker, *23 juin 2014.*

dans le cas de deux projets menés en parallèle dans des champs contigus, sinon adjacents. Il impose de laisser leur indépendance à chacun, y compris dans les cas où la cannibalisation devient effective : elle n'est alors que l'expression d'une tendance réelle du marché qu'il serait vain de nier. Mieux vaut la susciter, en être l'observateur privilégié et y apporter des réponses pertinentes, de part et d'autre des lignes de conflit.

C'est ce que Blockbuster n'a pas su faire quand, challengée par l'offre de Netflix, la société de location de DVD a tardivement tenté d'y répondre en créant une entité autonome dédiée à la mise au point d'une solution directement concurrente de celle de la start up. Après des débuts prometteurs, cette entité a dû renoncer à ses activités, confrontée à la fois à une forte hostilité des responsables de l'activité historique et aux doutes des investisseurs sur un modèle qui leur paraissait contradictoire avec leurs activités principales.

—— Innovation et management

Le management est la troisième caractéristique qui définit l'identité d'une entreprise. C'est lui qui transforme une stratégie en credo, lui surtout qui peut amortir ou accompagner les bouleversements de son biotope comme de sa stratégie. C'est pourquoi le réflexe naturel des entreprises confrontées à des innovations de disruption consiste à recruter ou à promouvoir des managers susceptibles de porter ou d'incarner les bouleversements à l'œuvre.

En se contentant de faire peser l'ensemble de ces défis sur les épaules de quelques-uns, ces entreprises risquent, pourtant, de ne pas se donner réellement les moyens d'y répondre. Car, au-delà de ces quelques personnes qui seront soigneusement choisies et généralement atypiques, la structure elle-même a de fortes chances de continuer à évoluer selon les logiques anciennes : celles qui consistent, comme on l'a vu par exemple, à rechercher l'assentiment des investisseurs, à répondre aux attentes préexistantes des clients ou à privilégier les voies de développement les plus en accord avec l'histoire et les logiques antérieures de la société.

Or, ces éléments entrent nécessairement en conflit avec les priorités que suppose une innovation disruptive. C'est pourquoi l'innovation bien gérée ne saurait être l'apanage de quelques individus, mais devrait innerver l'ensemble de la structure concernée et l'imprégner tout entière des valeurs qu'elle porte. La réelle difficulté n'est pas dans l'aptitude à faire émerger des idées novatrices (l'exemple de Kodak évoqué plus haut l'a montré), mais plutôt dans la capacité collective à les accueillir et à les considérer à leur juste valeur. Dans la plupart des entreprises, ce ne sont pas tant les idées qui font défaut que la reconnaissance de celles qui fleurissent [10].

Le mythe du génie créatif solitaire, qui a si longtemps auréolé la représentation de l'invention et de l'innovation, paraît ici singulièrement trompeur [11]. Dans une entreprise importante, soumise à des contraintes collectives, rien n'est plus dangereux que de s'en remettre à un sauveur

---

10. *David Burkus, « Innovation Isn't an Idea Problem »,* Harvard Business Review, *23 juillet 2013.*

11. *Dans son livre,* Powers of Two: Finding the Essence of Innovation in Creative Pairs, *New York (N. Y.), Houghton Mifflin Harcourt, 2014, Joshua Wolf Schenk démonte le mythe du créateur solitaire, expliquant comment la créativité s'exprime souvent par paire, même dans le cas d'innovateurs célèbres.*

providentiel, dont les idées suffiraient à elles seules à préserver l'avenir du groupe.

Ce principe se vérifie en particulier dans les entreprises les plus innovantes et ce, en dépit de la mythologie qui s'est souvent construite autour de leur leader. Il en va ainsi d'Amazon. Derrière la figure emblématique de Jeff Bezos, l'entreprise cultive une exigence permanente d'innovation, à tous les niveaux : à chaque fois qu'il recrute un nouveau collaborateur, Bezos prend soin de demander à l'impétrant de lui raconter ce qu'il a inventé dans le passé, aussi minime soit son invention[12]. Le fondateur d'Amazon est convaincu que les changements majeurs ne résultent pas de l'intervention d'un homme exceptionnel, mais plutôt de l'action collective de gens normaux[13]. Le défi, pour les dirigeants, est donc de parvenir à faire adhérer un groupe humain au paradigme mouvant de l'innovation, dans un contexte qui, paradoxalement, n'y incite pas forcément.

L'évolution accélérée du monde à laquelle les entreprises sont aujourd'hui confrontées, loin de constituer un terreau immédiatement favorable à la disruption, est porteuse d'inquiétudes qui ont fréquemment un effet inhibant vis-à-vis de l'innovation. Car la confiance nécessaire à l'appréhension sereine de l'inconnu nécessite en réalité quelques solides certitudes. Elles seules permettent de se lancer dans des aventures périlleuses sans crainte de se perdre soi-même.

---

12. *Jeff Dyer et Hal Gregersen,* « *The Secret to Unleashing Genius* », Forbes, *2013.*

13. *Greg Satell,* « *How Disruption Happens* », Forbes, *10 mai 2013.*

Une étude conduite en 2012 à la Cornell University par l'équipe de Jennifer Mueller[14] montre que des sujets volontaires à qui l'on demande ce qu'ils pensent de la nouveauté, de l'innovation ou de l'inconnu, y sont d'autant moins favorables que leur rémunération pour la participation à l'étude elle-même est envisagée comme aléatoire. En situation d'incertitude, les humains ont tendance à rejeter le changement et l'innovation. Quand on sait que 40 % des entreprises figurant sur la liste des « Fortune 500 » (classement des 500 plus grandes entreprises américaines selon leur chiffre d'affaires) de l'an 2000 n'existaient plus en 2010, on comprend que, pour les personnes qui travaillent dans de telles entreprises, la crise et l'évolution de la société actuelles soient de puissants freins à l'innovation.

Face aux réflexes que cette situation suscite, le rôle du manager doit être de redonner à ses troupes à la fois la confiance et le goût de l'innovation. Concilier l'humilité nécessaire pour demeurer ouvert à la nouveauté, aussi dérangeante soit-elle, et la détermination requise pour faire face aux obstacles que cette nouveauté rencontrera ; conjuguer la lucidité qui permet de se remettre en cause et la déraison qui conduit à vouloir avoir raison ; se savoir faillible tout en cherchant à être le meilleur : tel est l'ensemble de paradoxes auxquels ce manager est confronté.

C'est en étudiant ce phénomène que l'entrepreneur, essayiste et analyste Bill Taylor a imaginé le terme

---

14. *Jennifer S. Mueller, Shimul Melwani et Jack A. Goncalo, « The Bias against Creativity: Why People Desire but Reject Creative Ideas »,* Cornell University, *2010.*

d'*humbition*[15], pour exprimer la volonté d'être le meilleur et la faculté d'accepter temporairement de ne plus l'être pour parvenir à cette fin. Plus qu'une formulation séduisante, ce néologisme rend compte d'une exigence essentielle pour les managers : celle de lier d'un même mouvement les deux bouts de la chaîne, l'individuel et le collectif, le leadership et le challenge, la certitude et l'interrogation. C'est la logique même de l'hybridation. Concrètement, elle exige des managers qu'ils soient capables de préserver l'identité d'une entreprise et, en même temps, de la remettre en cause en permanence, et qu'ils soient conscients que, dans un monde en mutation, la survie de leur entreprise dépend de leur propre aptitude à muter et à conjuguer des savoir-faire et des logiques différents.

Il ne s'agit pas de prôner une dilution de l'identité de l'entreprise, au contraire. L'avenir de Kodak ne résidait pas dans la création de chaussures de sport ou de biocarburants, qui auraient été étrangers à son métier et dont le développement n'aurait introduit que de la confusion parmi ses agents. Mais l'identité de Kodak ne se limitait pas à son rôle d'émulsionneur de films photographiques. Elle était bien davantage celle d'une entreprise qui entend proposer aux consommateurs des moyens de conserver leurs souvenirs et d'exprimer leurs émotions, quel que soit le support, papier ou écran. De la même manière, l'identité de Blackberry ne réside pas « dans son clavier »[16], n'en

---

15. Bill Taylor, « *The More Things Change, the More Our Objections to Change Stay the Same* », Harvard Business Review, 4 septembre 2013.
16. Parmy Olson, « *CEO Says BlackBerry Sued Typo Because The Keyboard "Is Our Identity"* », Forbes, 1er septembre 2014.

déplaise à son CEO, Jon Chen, lorsqu'il attaque en justice la start up Typo, qui a mis au point un clavier pour iPhone à ses yeux trop semblable à celui de sa marque. La vraie identité de Blackberry se situe à un autre niveau, par exemple dans la constitution de solutions de communication mobiles pour les entreprises.

Cette identité n'apparaît pas forcément de façon claire, en particulier pour qui est aux prises avec la gestion quotidienne. C'est pourquoi les dirigeants confrontés à l'innovation disruptive ont pour mission d'inspirer plus que de contrôler leurs troupes et, pour cela, de les aider à prendre conscience de ce qui fait la singularité irréductible de l'entreprise.

Plutôt que de dire « quand » et « comment » faire, leur rôle est d'inciter chacun à se poser des questions sur le « quoi » et le « pourquoi » de ses activités, c'est-à-dire à effectuer un saut transcendantal.

Innovation et identité

Dans un monde hybride, ce qui caractérise une entreprise, c'est donc davantage une mission qu'une technique. Une mission dont l'accomplissement exige la mobilisation de technologies et de stratégies variées et complémentaires. L'une des grandes erreurs des producteurs de musique confrontés aux disruptions de la numérisation a été d'ignorer que leur métier n'était pas de fabriquer des disques mais de faire connaître des artistes. Au lieu de s'obstiner à défendre un support dont les contraintes devenaient progressivement insupportables à des auditeurs désireux d'un mode de consommation plus souple, il aurait sans doute été préférable de prendre acte d'évolutions inévitables et d'en tirer parti pour se recentrer sur leur véritable métier, dont l'essentiel, quoi qu'ils en aient pensé alors, n'était nullement remis en cause par les bouleversements technologiques.

Le même raisonnement vaut pour tous les secteurs confrontés à des innovations disruptives : à vouloir s'enfermer dans la défense d'un modèle économique qui fut certes efficace mais qui est en train de perdre sa pertinence, on fait invariablement l'erreur de croire qu'une activité tout entière, que l'on considère comme monolithique, est en train de s'effondrer. Sauf exception, ce n'est pourtant ni un secteur, ni un métier qui disparaissent, mais simplement une certaine manière de faire ce métier, dans ce secteur.

L'enjeu de la disruption réside dès lors dans l'exigence de réinvention qu'elle pose : celle qui consiste à appréhender un métier ancien avec des clés nouvelles, à redéfinir la notion d'expertise appliquée à un monde en mouvement.

Ce retour aux fondamentaux de ce qu'est la raison d'être d'une entreprise ou d'un secteur est évidemment complexe à mettre en œuvre et demande de puissants efforts. Mais il s'inscrit dans la logique même de leur développement, quel que soit le contexte.

Dès 1937, dans un article devenu emblématique, « The Nature of the Firm[17] », Ronald Coase, prix Nobel d'économie, expliquait qu'une entreprise avait intérêt à déléguer certaines activités à d'autres entités avec lesquelles il suffisait d'entretenir de simples liens contractuels, et à se concentrer sur son cœur de métier – cette répartition des tâches étant évidemment amenée à changer au fil des

---

17. *Ronald Coase, « The Nature of The Firm »*, Economica, 4 *(16), novembre 1937.*

évolutions technologiques. Le principe – ne pas vouloir tout faire soi-même et savoir où se situe son vrai cœur de métier – demeure aujourd'hui valide. Selon la démonstration de Coase, l'entreprise doit poser les limites de ses compétences au point où celles-ci deviennent moins chères ou plus efficaces à mobiliser à l'extérieur, et ce point est par nature soumis à des évolutions. Si Apple devait fabriquer lui-même ses propres piles, écrans, puces et autres cartes mémoire, la société aurait besoin de centaines de milliers de personnes et son agilité en serait évidemment affectée.

Le cœur de métier d'Apple, c'est le design et le codage de l'OS, ou système d'exploitation. Ces deux savoir-faire stratégiques coûteraient plus cher à l'entreprise s'ils étaient délégués à des tiers. Elle préfère donc recruter les meilleurs dans ces domaines, et conserver ainsi ses secrets de fabrication, qui constituent son trésor de guerre. Est-ce à dire que le modèle d'Apple soit le seul valide ? Nullement : il correspond à l'identité de la firme, qui s'est imposée comme designer d'interface plus que comme constructeur de *hardware*. D'autres ont choisi des positionnements différents, tel Samsung, qui a opté pour une externalisation de son système d'exploitation, principalement auprès de Google, *via* Android. Mais l'avenir d'Apple n'est pas de suivre le modèle de Samsung, au risque de se perdre.

Quelle que soit la stratégie retenue, la possibilité de mainmise sur l'ensemble d'une chaîne est devenue illusoire. Désormais, c'est l'hybridation qui doit être privilégiée, à tous les niveaux, faute de quoi une entreprise ne peut tout simplement plus remplir ses missions. C'est seulement en renouvelant ses techniques et en bouleversant son organisation qu'elle peut continuer à développer son offre. Inversement, c'est aussi en repensant son offre et ses services que l'entreprise est amenée à repenser ses techniques et son organisation. Autrement dit, il est indispensable d'évoluer pour demeurer soi-même.

La démonstration en est une fois de plus fournie par Steve Jobs à travers sa gestion d'Apple. Grand admirateur de l'ouvrage de Christensen[18], Jobs – qui a quitté Apple en 1985 pour y revenir en 1996 – a mis à profit son long exil de la firme à la pomme qu'il avait fondée avec Steve Wozniak et Ronald Wayne en 1976 pour s'interroger sur l'identité d'Apple, sur ce qui avait été perdu et ce qu'il était possible de ressusciter. Ce recul lui a permis de comprendre qu'Apple était en train de commettre une erreur en se laissant guider par la recherche du profit plutôt que par le perfectionnement du produit. En se focalisant sur cet objectif à court terme et en négligeant ce qui avait été son moteur initial – la conception d'un produit toujours plus innovant, toujours plus agréable et toujours plus fonctionnel – le management d'Apple avait certes réalisé quelques gains immédiats. Mais au détriment de l'essentiel et au risque de compromettre son existence même, puisqu'au moment du retour de Jobs aux affaires, les analystes ne présageaient plus que trois mois avant le dépôt de bilan.

Désireux de renouer avec l'identité profonde d'Apple, Steve Jobs a aussitôt inversé la tendance, fait le tri dans les activités et les équipes et recentré le discours et l'attention de la marque autour des consommateurs. Surtout, il

---

18. *Clayton M. Christensen,* The Innovator's Dilemma, op. cit.

n'a pas craint de laisser les différents produits prendre leur essor sans chercher à éviter les risques de conflit ou de cannibalisation. C'est ainsi que des modèles comme l'iPad et le MacBook ont pu être développés parallèlement, sans que leur concurrence annoncée ne freine la direction d'Apple, au contraire.

En ce sens, Steve Jobs a réussi à surmonter l'une des grandes difficultés auxquelles doivent faire face les entreprises confrontées à un monde hybride : la conjugaison de techniques mouvantes et de marchés concurrentiels, au service d'une offre réinventée. Précisément ce que Kodak, en s'obstinant à demeurer chimiquement pure, n'a pas réussi à accomplir.

Malheureusement, la compréhension des concepts à l'œuvre dans les processus de disruption d'un marché ne constitue que la moitié du chemin à parcourir. Il faut ensuite faire face à des courants contraires très puissants, car souterrains : les freins irrationnels au changement, d'autant plus forts que les réponses apportées remettent en cause des habitudes et des situations installées. Cet enjeu est particulièrement présent dans les industries culturelles, compte tenu du caractère réputé irréductible de la créativité, jusqu'ici jalousement préservé.

Seconde partie

Avancer

Chapitre 4

Les stratégies

« Embrace the business model that threatens you. »

Leonard Fuld [1]

Ryan Kavanaugh n'est pas le plus connu des milliardaires de la Silicon Valley. Avec ses cheveux roux en bataille et ses éternelles baskets, il ressemble à tous ces jeunes gens qui ont su surfer sur la vague des technologies de l'information pour atteindre une réussite fabuleuse en quelques années à peine. Crédité par le magazine *Forbes* d'une fortune d'un milliard de dollars, ce jeune homme de 40 ans n'est pourtant pas un milliardaire comme les autres. À en croire nombre de scénaristes et de réalisateurs hollywoodiens, le fondateur de Relativity Media, société de production aux quelque deux cents films et aux dix-sept milliards de dollars de revenus cumulés, serait en réalité le fossoyeur de la création cinématographique.

Que lui reproche-t-on ? Une innovation d'apparence anodine : l'intrusion d'algorithmes dans la fabrication des films, inspirée par ce qui se pratique dans le baseball où les équipes et les stratégies sont constituées à partir

---

1. Leonard Fuld, *« Embrace the Business Model that Threatens You »*, Harvard Business Review, *2013*.

d'une impressionnante compilation de statistiques[2]. Relativity Media a donc construit son succès sur une méthode similaire de collecte et d'interprétation de données diverses, liées aussi bien aux conditions de réalisation d'un film qu'à son scénario, à sa structure ou à son casting. En passant en revue des milliers de précédents, en analysant les moindres détails d'un scénario et en croisant ces faits les uns avec les autres, Ryan Kavanaugh prétend pouvoir calculer à l'avance la rentabilité d'un film. Ce qui l'amène, bien évidemment, à choisir ceux qu'il produira et, plus encore, à adapter ceux qu'il a choisi de produire, au détriment sans doute de l'inspiration et des intuitions des artistes qui détenaient jusqu'alors le monopole de la création.

À ceux qui lui reprochent de détruire la dimension artistique du cinéma, Ryan Kavanaugh oppose des réponses imparables : en 2013, Relativity Media affichait un taux de retour sur investissement de 1,33 %, contre 1,09 % pour la moyenne de la profession. Ce qui permet à Kavanaugh d'affirmer de manière provocante son objectif exclusif de profit : « Tout doit tendre vers le profit. Nous ne laisserons jamais les décisions créatives prendre le pas sur les décisions économiques[3]. »

---

2. *Les cinéphiles se rappelleront* Le Stratège (Money Ball), *l'excellent film de Bennett Miller sur le sujet : l'histoire vraie du manager Billy Beane, qui a été le premier à introduire les big data dans la gestion d'un team, et de l'hostilité de l'équipe en place face à des changements qu'ils ne comprennent pas. Moins un film sur le baseball qu'une description des conflits internes suscités par l'intrusion d'une innovation disruptive, et sur la perte de contrôle qui en découle.*

3. Chris Jones, « *Ryan Kavanaugh Uses Math to Make Movies* », Esquire, *19 novembre 2009.*

Perte de contrôle et adaptation

À dire vrai, Kavanaugh n'est pas le seul à vouloir ainsi déposséder les créateurs de leur pouvoir discrétionnaire sur la genèse des films. D'autres sociétés participent de la même dynamique, comme Google qui se prétend capable de prédire les succès des films[4], revendiquant 92 % de pertinence dans ses résultats et ce, jusqu'à quatre semaines avant la date de sortie. Dans le même ordre d'idées, la Worldwide Motion Picture Group, créée par le statisticien Vinny Bruzzese, propose pour vingt mille dollars une analyse de tout scénario. Soumettant l'histoire, les personnages et la construction dramatique à une expertise statistique rigoureuse, fondée sur les résultats des films similaires déjà sortis et sur des enquêtes menées auprès de 1 500 spectateurs potentiels, Bruzzese affirme qu'il est capable de déterminer les corrections qui garantiront le succès à n'importe quel film. Pareillement, la société Epagogix travaille avec certains studios hollywoodiens dès la conception du scénario, prévoyant grâce à un réseau neuronal[5] le box office du projet en fonction de ses variables, comme l'ajout ou le retrait d'un membre du cast.

Comme celle de Kavanaugh, l'approche de ces sociétés incorporant des big data et de l'analyse dans le processus

---

4. Gregg Kilday, « *Hollywood Scoffs at Google Box Office Prediction Tool* », The Hollywood Reporter, *2013*.

5. *Selon Futura Sciences, « un réseau neuronal s'inspire du fonctionnement des neurones biologiques et prend corps dans un ordinateur sous forme d'un algorithme. Le réseau neuronal peut se modifier lui-même en fonction des résultats de ses actions, ce qui permet l'apprentissage et la résolution de problèmes sans algorithme, donc sans programmation classique ».*

artistique suscite la colère, sinon le désarroi, de créateurs qui se sentent dépossédés de leur fonction et délégitimés dans leur savoir-faire.

La fin de la toute-puissance créative

Au-delà l'intérêt réel ou supposé de ces méthodes, que l'avenir seul pourra établir, les réactions qu'elles provoquent sont révélatrices de la manière dont l'innovation est toujours accueillie par ceux qu'elle vient défier, des réactions ici exacerbées par la sensibilité du domaine artistique dans lequel elles s'exercent. En remettant en cause un certain nombre de positions acquises, en contestant la pertinence et la pérennité du modèle qui prévalait, l'innovation est en soi systématiquement porteuse de déstabilisation. Des déstabilisations qui, mal vécues, entraînent de puissants mouvements de rejet.

Il en fut déjà ainsi il y a près de trente ans, lorsque les studios américains mirent au point le système des projections-tests qui permet de définir le montage des films dans ses grandes lignes. À l'époque, certains créateurs ont prédit la disparition de leur profession. Il n'en fut rien évidemment, et les métiers de scénariste et de monteur ont conservé l'essentiel de leur dimension artistique. Mais l'intrusion de données objectives pour servir de contrepoint à leur intuition souveraine n'en a pas moins fait redouter à ces professionnels une forme de perte de contrôle, aussi partielle soit-elle.

Qu'une création soit entièrement déterminée par des calculs mathématiques n'est évidemment ni réaliste, ni souhaitable. Quoi qu'il advienne, les productions culturelles restent déterminées par une *logique de l'offre*, c'est-à-dire qu'aucun logiciel ne pourra jamais déterminer *ex nihilo* que le public désire voir un film racontant la dérive de deux astronautes dans l'espace (*Gravity*). Personne ne l'imagine sérieusement, personne ne le désire, et Ryan Kavanaugh lui-même, derrière ses déclarations tranchantes et définitives, confesse que son goût personnel pour certains projets de film l'amène à modifier sensiblement ses modèles de calcul afin de mieux faire apparaître leur rentabilité. Et comme tous les producteurs, il aime trop le risque et l'innovation pour se fier aveuglément à un système qui prouve son efficacité mais risque de ne jamais pouvoir créer le fameux élément de surprise, à l'origine des fortunes les plus belles et les plus immédiates [6].

Dans le domaine musical par exemple [7], où les tentatives de création algorithmique sont plus avancées, il ne se passe pas de mois sans qu'une découverte ne fasse reculer les frontières de la performance informatique. Lior Shamir, professeur à la Lawrence Technological University, dans le Michigan, a ainsi récemment bâti un programme capable de qualifier les caractéristiques d'une chanson, permettant

---

6. *Voir les travaux de Matthew Danzico, journaliste de la BBC, sur le* storytelling *: dans une passionnante présentation qu'il a donnée avec Amy O'Leary, du New York Times, à une conférence SXSW, il décrit le fonctionnement du cerveau d'un auditeur confronté à une histoire. Les neurosciences ont récemment démontré que les ondes cérébrales desdits auditeurs sont impactées par la qualité des informations reçues, c'est-à-dire de l'histoire racontée. Et l'élément de surprise y joue un rôle crucial, ce qui disqualifie grandement les big data lors du processus de création dans l'état actuel de la technologie ; « Science of Storytelling », SXSW Film 2013 (disponible sur Soundcloud).*
7. *Le projet Lamus, du chercheur Francisco Vico, a conduit à la composition de plus d'un milliard de chansons en utilisant uniquement des algorithmes. L'histoire ne dit pas si elles étaient des tubes.*

par exemple de classer chronologiquement tous les albums des Beatles[8] sur les seuls critères musicaux. Malgré ces avancées, le facteur humain n'est pas près de se disqualifier. Selon Alexis Kirke, chercheur à la Plymouth University, « l'algorithme ne nous remplace pas, il nous améliore. Ce n'est pas tricher que de l'utiliser, car il ne faudra guère de temps aux plus doués des écrivains et des compositeurs pour pousser l'algorithme au-delà de son utilisation prévue, laissant le "tricheur" moyen derrière. »

Dans ce paysage d'innovation permanente, aucun modèle ne peut prétendre à l'éternité sans renier les principes de disruption qui lui ont permis d'émerger. Bien plus qu'une martingale statistique hégémonique et figée, c'est la pratique hybride qui de nouveau s'impose.

Malgré cette réalité objective rassurante, la perception du changement n'en demeure pas moins douloureuse pour la plupart de ceux qui s'y trouvent confrontés et qui ressentent ce changement, à des degrés divers, comme une remise en cause de leurs compétences, de leur rôle et de leur identité – en un mot de leur capacité à contrôler leur environnement.

Confrontés comme nous le sommes à un monde inconnu et mouvant, soumis à un rythme accéléré et contraints de fournir des efforts supplémentaires, privés de nos repères habituels, inquiets de notre légitimité, nous ressentons presque tous un sentiment de dépossession, de frustration qu'il serait vain de vouloir nier. L'exemple qui vient d'être évoqué ci-dessus l'illustre : le fait d'imposer dans la production audiovisuelle un modèle statistique

---

8. *Luke Dormehl, « This Is Going To Change How You Listen To Music Forever »*, Fast Company, *11 août 2014.*

soi-disant plus sûr ne diminue pas l'angoisse, au contraire, car l'angoisse ne se nourrit pas tant de faits que de perceptions. Et celles qui dominent ici sont celles d'un monde dans lequel l'humain peine à trouver sa place, dans lequel les hiérarchies sont bousculées puisque le dirigeant lui-même ne saurait prétendre à une science supérieure à celle des algorithmes, et dans lequel chacun doit perpétuellement faire la preuve de sa valeur et de sa nécessité.

Une telle injonction peut avoir des effets dévastateurs, à commencer par une forme de sidération mortifère qui prive tout le monde de la moindre réaction. Face à un univers aux mouvements accélérés et en apparence désordonnés, la tentation d'un repli sur soi désabusé et fataliste est toujours très forte.

C'est pourtant dans ce type de circonstances que l'action est la plus nécessaire et que des perspectives claires et partagées sont les plus utiles. Les adeptes du rafting le savent bien : pour maîtriser sa trajectoire dans les rapides, il faut ramer plus vite que le courant.

Dans cet univers à bien des égards perturbant, il est indispensable d'embrasser le changement, de l'accompagner et de le façonner, même si une telle mutation ne va pas sans conflits. On a pu le constater avec le *New York Times*, quotidien dont la renommée fondée sur sa légitimité historique s'est vue renforcée par des innovations récentes (expérimentations sur la narration[9], *storytelling* interactif[10]) : en mai 2014, un document

---

9. John Branch, « *Snow Fall, The Avalanche at Tunnel Creek* », New York Times, *2012.*

10. « *2013 : The Year in Interactive Storytelling* », New York Times, *2013.*

interne, baptisé sobrement « Innovation[11] », était diffusé sur la toile. Ce rapport de près de cent pages, rédigé par un groupe de travail composé de cadres de l'entreprise et piloté par la directrice de la rédaction, Jill Abramson, décrit les enjeux auxquels le journal séculaire doit faire face pour garder ses positions face à des nouveaux concurrents comme les *pure players*, *Huffington Post* ou *BuzzFeed*. Avant même la fuite du document – et sans que l'on ne puisse avec certitude lier les deux événements malgré leur synchronisme douteux –, Abramson est licenciée. L'affaire engendre des débats houleux sur les réseaux entre réformateurs et défenseurs d'une vision traditionnelle du métier[12].

Pour les entreprises confrontées à ces situations de disruption, un nouveau paradigme s'impose : le dirigeant n'est plus ce *deus ex machina* qui inhibe les énergies en les enfermant dans un mouvement dont il a seul le contrôle ; il devient plutôt un chef d'orchestre, capable d'insuffler un *tempo* général, tout en laissant chacun jouer sa propre partition... et, si possible, créer ses propres improvisations – pourvu qu'elles s'insèrent dans l'harmonie collective. Car de tels changements de culture ne s'imposent pas par décret. Ils requièrent au contraire, de la part du dirigeant, de grandes capacités de vision, d'inspiration et d'accompagnement des équipes. Davantage un rôle de coach que de dirigeant.

---

11. *Adam B. Ellick, Adam Bryant, A.G. Sulzberger, Amy O'Leary, Andrew Phelps, Elena Gianni, Louise Story, Charles Duhigg, Jon Galinsky et Ben Peskoe, « Innovation »,* New York Times *(via Mashable), 2014.*

12. *Chris Perry, « Why We Reacted So Strongly To The New York Times Innovation Report »,* Forbes, *2014.*

Il s'agit dès lors de donner une direction tout en responsabilisant chaque talent, pour faire en sorte que la perte de contrôle induite par les ruptures de l'activité traditionnelle soit l'occasion de dynamiser la créativité de tous. C'est cette créativité, cette faculté de s'insérer dans le changement et, d'une certaine manière, de lui dicter son sens et son rythme, qui permettent de retrouver une prise sur le monde et de ne pas se sentir exclu d'un mouvement qui aurait, à défaut, des effets uniquement destructeurs.

Comme l'explique Jonathan Rosenberg, senior vice-président de Google[13], la créativité ne peut être commandée, mais elle doit être courtisée. Pour cela, il faut encourager toutes les idées, sans craindre de se fourvoyer, en sachant que les mauvaises s'élimineront d'elles-mêmes. Le plus grave, en ces temps de remise en cause généralisée, serait de prétendre à une solution univoque, qui ne rétablirait qu'une illusion de contrôle sans permettre à l'entreprise et à ses acteurs d'embrasser le mouvement en cours. Pour une entreprise jadis sûre de son modèle et de sa pérennité, apprendre à dire oui aux innovations, ce n'est pas tant flatter les égos meurtris des uns et des autres que changer le paradigme et accepter l'idée d'un avenir fait de surprises permanentes, d'inventions et d'hybridations.

---

13. Drake Baer, « *3 Big Rules of Innovation from the Google Guy behind Android and Chrome* », Fast Company, *2010*.

—— La fin du modèle vertical

"I have not failed. I've just found 10,000 ways that won't work".

Thomas A. Edison

Dans ce nouveau modèle, l'unique certitude est celle qu'un changement fréquent est le seul garant d'avenir. Un avenir dans lequel l'identité d'une marque ou d'une entreprise tient moins à sa stabilité qu'à sa plasticité. Ce qui définit les entreprises qui savent répondre avec succès aux exigences de l'innovation, c'est moins un savoir-faire, un marché ou un modèle qu'une capacité à remettre en question ses savoir-faire, ses marchés et ses modèles.

Il ne s'agit pas simplement d'un changement dans les exigences du management et dans la part accordée à l'innovation, mais, plus largement, d'un changement de valeurs. À un modèle qui était traditionnellement vertical et à sens unique, au sein duquel chacun s'élevait peu à peu en s'appuyant sur la somme de ses succès passés pour légitimer son pouvoir du moment, s'est substitué un modèle dans lequel le mouvement est la jauge et où, par conséquent, l'expérience de l'échec devient en elle-même une valeur, le signe à la fois d'une capacité d'initiative (puisque, selon la sagesse populaire, seuls se trompent ceux qui ont essayé) et d'une certaine propension au rebond.

Ce passage d'un système où prévalait l'idéal d'une ascension régulière et sans fausse note et de la glorification du succès, à un système où le revers et le tâtonnement sont valorisés et où l'erreur est considérée comme source potentielle de progrès constitue une révolution dont la mesure est difficile à prendre tant elle impacte nos représentations les plus profondes. Il est d'ailleurs significatif de constater qu'en Europe comme aux États-Unis, tous ceux qui sont conscients de ce changement s'inquiètent de la persistance des représentations anciennes et de la difficulté de la société à se mettre au diapason des exigences nouvelles de l'innovation.

Une étude récemment conduite aux États-Unis[14] déplorait ainsi la mauvaise image que les entrepreneurs américains conservent de l'échec, par comparaison avec d'autres pays. Selon ses résultats, si 74 % des personnalités influentes du web à travers le monde considèrent qu'une vision positive de l'échec est bénéfique à l'économie, le chiffre n'est que de 37 % au pays de Steve Jobs, alors qu'il s'élève à 81 % au Proche-Orient et même à 42 % en Europe.

Au-delà des différences de représentation dont une telle enquête peut rendre compte, il est pourtant avéré que les États-Unis acceptent mieux que la France, par exemple, le CV de ceux que leur carrière a fait passer par des phases moins assurées (jusqu'à fin 2013, en France, les entrepreneurs ayant fait faillite étaient fichés à la Banque de France comme de vulgaires escrocs). Nation de réprouvés venus tenter leur chance dans le Nouveau Monde, l'Amérique fait preuve à l'égard de l'échec d'une tolérance, voire d'un intérêt, qui est rarement de mise en France. Comme le dit un proverbe outre-atlantique, « *you're either winning or learning* » (« soit on réussit, soit on apprend »).

Sans doute est-ce à cette capacité à se relever de ses échecs qu'il faut attribuer une part de la vitalité des entreprises innovantes américaines. Mieux que d'autres, elles

---

14. *Kathleen Kim, « Admit It: You Fear Failure (But You're Not Alone) », Inc.com, 2012.*

savent tirer profit de talents qui seraient ailleurs négligés, car marqués du sceau infâmant de la faillite. Dans ce pays, les entreprises reconnaissent plus qu'ailleurs la valeur et la force de ceux qui ont fait preuve de résilience par rapport à des individus au parcours linéaire que le moindre échec risque de déstabiliser.

Lorsqu'en 2007 il a lancé AmazonFresh, filiale d'Amazon dédiée au commerce de produits frais – ce qui était une vraie gageure au regard des contraintes techniques et des habitudes des clients –, Jeff Bezos s'est ainsi servi des échecs et des succès de ceux qui s'étaient aventurés avant lui dans ce marché difficile. Deux expériences lui ont notamment permis de s'étalonner : Webvan, société fondée avec beaucoup d'enthousiasme et de moyens à la fin des années 1990 mais contrainte au dépôt de bilan quelques années plus tard, et son concurrent Freshdirect, qui a connu un succès plus pérenne en misant sur un développement local dans la région de New York.

Logiquement, Bezos a analysé les deux cas et en a tiré des leçons pour son propre projet, mais sans les réduire à un modèle positif d'un côté et à un contre-modèle de l'autre. C'est non seulement en cherchant à comprendre les raisons de l'échec de Webvan, mais surtout en recrutant plusieurs de ses anciens cadres que Bezos a construit le succès d'AmazonFresh. L'apport des anciens de Webvan, qui connaissaient le business et ses difficultés et qui, surtout, avaient eu le temps d'analyser leur échec, a été déterminant pour la définition du business model d'AmazonFresh comme pour la conduite de l'entreprise[15].

---

15. Peter Cohan, « *Four Lessons Amazon Learned From Webvan's Flop* », Forbes, *2013.*

L'exemple, malheureusement trop rare, témoigne de la valeur qu'une société en mouvement devrait accorder à ceux qu'un parcours varié, fait de hauts et de bas, de succès et d'échecs, d'épisodes glorieux et d'heures plus sombres, a enrichis d'une expérience précieuse pour affronter l'avenir.

Le plus souvent, ceux qui ont rencontré de telles désillusions sont contraints à se reconstruire eux-mêmes, et c'est très naturellement chez les créateurs d'entreprises, en particulier d'entreprises innovantes, qu'on les retrouve en plus grand nombre. D'abord parce que ces personnes aux parcours accidentés ont plus de mal que d'autres à retrouver une place dans une structure classique. Mais aussi, et peut-être surtout, car l'une des principales qualités dont un créateur a justement besoin est la capacité de rebond, la détermination qui permet de faire de chaque expérience une source de progrès et de force.

Stephen Sackur, journaliste de la BBC qui a interviewé une multitude d'innovateurs et a voulu en tirer quelques leçons, place ainsi au plus haut des compétences requises pour conduire l'innovation une volonté indestructible et la capacité à rebondir, à se relever de ses échecs. Ce que Nassim Nicholas Taleb, ancien *trader* devenu essayiste à succès, créateur de la « théorie du Cygne noir[16] », résume sous la notion *d'antifragilité*[17].

Ce néologisme, qui n'est pas synonyme de robustesse, mais plutôt d'une forme améliorée de résilience face

---

16. *Nassim Nicholas Taleb*, Le Cygne noir : la puissance de l'imprévisible, *Paris, Les Belles Lettres, 2010.*

17. *Nassim Nicholas Taleb*, Antifragile. Les bienfaits du désordre, *Paris, Les Belles Lettres, 2013.*

aux heurts de toutes sortes, témoigne de la nécessité de valoriser une force nouvelle : celle qui naît non pas des certitudes, mais au contraire de la capacité à se mesurer au réel, à échouer et à se réinventer. Nassim Nicholas Taleb montre d'ailleurs que les certitudes sont bien souvent des freins au progrès et empêchent le développement des talents.

Les exemples ne manquent pas, comme celui, célèbre, de James Dyson, qui a dû concevoir 5 127 prototypes d'aspirateur sans sac avant d'aboutir au modèle dont on connaît le succès, ou, évidemment, l'histoire de Steve Jobs. Bien plus difficiles à trouver sont les exemples de capitaines d'industrie n'ayant pas traversé de telles phases d'échecs.

—— Le modèle du pivot

L'idée que l'on peut apprendre de ses échecs et les transformer en expérience positive à force de ténacité n'est pas neuve. Ce qui est nouveau en revanche, c'est le changement de modèle social à l'œuvre. Un modèle qui ne réclame plus la maîtrise totale de tout, mais qui accepte l'erreur comme une richesse potentielle. Un changement qui concerne tout le monde, managers comme consommateurs.

Dans les temps pré-internet, les entreprises nord-américaines bénéficiaient d'un avantage principalement lié à la taille de leur marché intérieur, qui leur permettait d'amortir leurs coûts sur le marché domestique avant de conquérir le monde. Mais les possibilités nouvelles de globalisation de l'économie qu'offre internet ont réduit la portée de cet avantage et changé la donne : si les grands acteurs de l'internet ont tous expérimenté fausses routes et mauvais choix - le parcours d'Amazon, qui a accumulé les acquisitions stériles et s'est égarée dans des diversifications sans potentiel, est édifiant à cet égard - il ne faut pas y voir un manque de vision stratégique ; c'est précisément grâce à leur capacité à tenter de nouvelles pistes, à se relever rapidement de leurs échecs, que ces entreprises accélèrent leur phase d'apprentissage sur un marché donné. La rapidité d'exécution de ces tests successifs leur donne finalement une connaissance approfondie du secteur. Tel est aujourd'hui le véritable avantage concurrentiel de ces entreprises sur-performantes : celui du *first mover advantage*, qui permet au premier entrant de verrouiller des relations privilégiées avec ses consommateurs finaux avant l'arrivée des compétiteurs.

C'est ce que révèle par exemple l'histoire de Robin Chase, fondatrice de la société d'auto-partage Zipcar[18]. Lorsqu'en 1999, Robin Chase décide, avec son amie Antje Danielson, de créer cette compagnie, elle a déjà 40 ans et n'est pas une professionnelle de l'automobile, mais simplement une femme décidée à créer sa propre entreprise et que le concept d'auto-partage, rapporté d'un voyage en Europe, a séduite. Rien d'étonnant, donc, à ce qu'elle commette quelques erreurs, au moment notamment de l'élaboration de son business model.

Peu après le lancement de Zipcar, alors que les premiers succès témoignent de sa pertinence, Robin Chase comprend que ses tarifs - trop bas - ne lui permettront pas d'atteindre la rentabilité. Elle l'explique à ses clients, sans chercher à masquer ses erreurs ni à se justifier par des circonstances atténuantes. Cette démarche honnête et

---

18. *Tim Donnelly, Nicole Carter et Bill Murphy Jr, « Three Brilliant Mistakes that Built Companies »,* Inc.com, *2012.*

transparente lui coûte une partie de ses clients, mais ils sont immédiatement remplacés par de nouveaux. Car, plus qu'un simple loueur de voiture, Zipcar est en réalité est un projet de vie urbaine. Les clients se sentent à l'image de sa fondatrice, dont ils ont compris – et peut-être apprécié – la faillibilité autant que l'honnêteté.

Cet exemple est la parfaite illustration d'une notion développée par le milieu des start ups américaines : celle du « pivot », ce réajustement de la stratégie de l'entreprise qui peut toucher jusqu'à son objet même, remet en cause ses projets initiaux et lui permet de se développer vers de nouveaux marchés, de nouveaux objectifs.

Plus que la certitude de départ, plus que les intuitions plus ou moins heureuses qui font traditionnellement les grandes réussites, ce que les capital-risqueurs recherchent, à travers ce pivot, c'est précisément l'aptitude d'un projet à évoluer, à s'adapter avec agilité, à accepter l'incertitude, à y répondre par le mouvement et à hybrider ses objectifs initiaux pour en tirer une richesse supplémentaire. Dans un univers hybride, redisons-le, c'est la faculté de perdre le contrôle des événements qui fait la qualité d'un indi-vidu ou d'une marque. Chaque entreprise doit être prête à se confronter à des problématiques nouvelles, pour les-quelles elle devra renoncer à ses certitudes antérieures et s'aventurer dans des scénarios nouveaux, expérimentaux, souvent aux antipodes des lieux balisés dans lesquels se trouvent ses repères.

Certaines ont même fait leur identité de cette capacité, naviguant de manière permanente entre des métiers, des images, des problématiques différentes. Il en va ainsi d'Apple, dont nul ne pourrait réellement qualifier le métier. Producteur d'outils informatique ne fabriquant aucune de ses pièces, principal marchand mondial de musique sans jamais en avoir revendiqué la profession, agence de design aux créations permanentes, Apple est plus qu'une société, une marque, un univers : c'est un signe de ralliement dont la fortune se nourrit moins de compétences arrêtées que d'une capacité à accompagner le public dans ses évolutions.

D'autres entreprises explorent méthodiquement des chemins plus traditionnels, mais pour en questionner toutes les limites antérieures. L'exemple de Netflix est éclairant.

Créée en 1997 avec l'idée de louer des DVD commandés en ligne, Netflix a longtemps lutté avec la société Blockbuster, qui partageait les mêmes ambitions. C'est en 2007, soit dix ans après sa création, qu'elle a fini par s'imposer et terrasser sa concurrente. Beaucoup d'entreprises auraient profité de cet horizon soudain dégagé pour renforcer leurs positions et augmenter leurs profits. Netflix a curieusement choisi le schéma opposé, profitant de son hégémonie pour se remettre en question très profondément et se lancer dans une offre de *streaming* alors pour le moins aléatoire. À une époque où le débit moyen disponible pour les particuliers s'élevait à quelques centaines de kilobits par seconde, il fallait beaucoup de courage et un peu d'inconscience pour relever un tel défi. Ce choix a d'ailleurs coûté cher à Netflix, qui, en 2010, a commis l'erreur de scinder ses deux activités sans en expliquer clairement la raison, perdant au passage la moitié de sa cotation. La société fut contrainte de revenir sur sa décision quelques semaines plus tard, avant même le lancement de Qwikster, la nouvelle entité dédiée uniquement au DVD[19]. Aujourd'hui,

---

19. Peter Kafka, « *Qwikster Is Gonester: Netflix Kills Its DVD-Only Business Before Launch* », All Things D, *2011*.

à peine sept ans plus tard, alors que Netflix possède plus de cinquante millions d'abonnés à son service de VoD (vidéo à la demande) par abonnement, plus grand monde ne conteste le caractère visionnaire de ce virage stratégique.

La société Adobe, créatrice, entre autres, des fameux logiciels Photoshop et Illustrator, a elle aussi réussi une transition décisive : d'un business model purement transactionnel, où il s'agissait de vendre dans des magasins des logiciels gravés sur des disques et conditionnés dans des boîtes, la société est passée à un service d'abonnement dans le *cloud* : ses produits sont aujourd'hui proposés exclusivement par téléchargement en échange du paiement d'un loyer. Ce pivot radical de la façon dont l'entreprise tire ses revenus a provoqué une baisse de ses chiffre d'affaires et profits, respectivement de 8 % et de 42 % en 2013, l'année de la transition. Mais le choix de mettre à risque ses quelques 13 millions de clients s'est avéré le bon, le nouveau Creative Cloud d'Adobe attirant peu après son lancement jusqu'à 20 % de clients nouveaux. Et une communication claire auprès des investisseurs a permis à la société de ne pas subir de contrecoups sur les marchés financiers lors de cette phase délicate.

—— Faire confiance au public

C'est dans la confiance faite à la multitude que réside la principale perte de contrôle liée à l'hybridation ; celle-là même qui taraude les professionnels du cinéma confrontés aux positions provocatrices d'un Kavanaugh. Ce transfert des compétences de quelques « experts » vers le plus grand nombre s'étend jusqu'à la démarche créative et, par là, impacte l'imaginaire de nos sociétés.

L'un des phénomènes les plus puissants auxquels on assiste aujourd'hui est la transformation massive de très nombreux secteurs dont l'avenir réside dans une meilleure adaptation aux besoins des consommateurs. De BMW embarquant des outils de Dassault Systèmes afin d'enregistrer les activités du véhicule, de mieux connaître son conducteur et de lui proposer, à terme, des services sur-mesure [20], jusqu'au programme My Warner qui inverse la chaîne de valeur en faisant du « fan » une nouvelle richesse de la marque, richesse jusque-là représentée exclusivement par son catalogue de films, c'est un même mouvement qui se fait jour. Un mouvement nourri par les traces de plus en plus nombreuses que chacun laisse partout sur la toile de ses activités numériques – des *cookies* jusqu'aux *tweets* en passant par les commentaires en ligne ou l'activité des réseaux sociaux, et qui constituent aujourd'hui une somme de données jamais entrevue dans l'histoire, puisque l'on estime que la seule année 2010 a vu l'ajout sur le réseau de plus d'un zettabyte de données, soit mille milliards de terabytes, « un million de fois plus que tous les mots prononcés par tous les humains depuis l'aube des temps [21] ».

Ces données ne sont pas seulement nombreuses, elles sont surtout intelligentes. Non seulement parce qu'elles offrent des éclairages uniques, en temps réel, sur les activités de millions de consommateurs, mais aussi parce qu'elles produisent une vérité qui n'est plus l'apanage de quelques-uns. C'est ce que démontre par exemple

---

20. *Nicolas Colin et Henry Verdier*, L'Âge de la multitude, op. cit., *p. 98.*
21. Ibid., *p. 100.*

quotidiennement Wikipédia, dont le principe collaboratif pouvait à l'origine faire sourire : nul n'aurait parié, il y a quinze ans encore, que les internautes anonymes parviendraient en quelques années à renvoyer aux oubliettes les encyclopédies traditionnelles.

Or, derrière cet exemple, c'est une révolution des valeurs et des hiérarchies qui est en train de se jouer, et qui ajoute aux inquiétudes ambiantes en proclamant la nécessité absolue d'une perte de contrôle. Wikipédia ou Foldit n'annoncent pas la disparition des chercheurs ni même des scientifiques, mais ils sapent les exclusivités, les bastions de pouvoir qui pouvaient naguère prospérer dans quelques entre-soi. À l'heure de l'hybridation, tout pouvoir, tout savoir, doit se nourrir des autres, connaître ses limites et faire preuve d'une forme de modestie. Modestie d'autant plus grande qu'aucun modèle, même fondé sur la multitude, ne peut prétendre assurer seul sa pérennité. C'est la grande leçon des Netflix et autres entreprises disruptives : l'innovation elle-même a souvent besoin d'être relancée par des éléments disruptifs, lesquels viennent toujours de l'extérieur.

Si les statistiques et les big data donnent une image irremplaçable de l'existant ou des aspirations du moment, ils ne sont pas aujourd'hui capables de faire présager des vraies ruptures de demain[22]. Et de même que Kavanaugh avoue laisser parfois intervenir son affect dans sa manière d'envisager un film, chaque entrepreneur innovant sait ce qu'il doit à des hasards, à des rencontres ou à des imaginations.

---

22. *Voir l'article d'Henri Verdier sur le sujet : « Peut-on être contre les big data ? », publié en 2012 sur son blog.*

Si les innovations d'amélioration (celles qui, on l'a vu, consistent soit à réduire les coûts de fabrication et de distribution de quelques biens particuliers, soit à remplacer les produits existants par des produits plus performants) sont simples à accepter, les innovations de rupture, parce qu'elles bouleversent les valeurs et les usages anciens, posent davantage de problèmes et exigent une remise en cause profonde. Aussi n'est-il pas étonnant de constater qu'elles sont en général mal accueillies par les structures établies, entreprises ou institutions. Seules quelques rares audacieux savent les intégrer avec sérénité, voire avec désir. Ce que ni les départements R&D, ni les incubateurs d'entreprises ne suffisent à faire : pour qu'une entreprise ou une structure quelconque soit réceptive à l'innovation, elle doit y être sensible tout entière.

À nouveau, on peut braquer les projecteurs sur Amazon et sur son exceptionnel patron pour montrer l'exemple d'une innovation radicale mais parfaitement assumée. En 2002, alors qu'Amazon n'est encore qu'un distributeur en ligne parmi d'autres, Jeff Bezos veut améliorer et renforcer la qualité de son service, mais surtout lui donner une orientation encore plus innovante. Il recrute pour cela des hommes de talent, leur donne les titres les plus vagues possibles et leur laisse une grande liberté pour explorer toutes les voies d'innovation envisageables. C'est ainsi que l'une des ses recrues, Udi Manber, invente le logiciel permettant de feuilleter des livres en ligne. Mais ce n'est pas assez pour Bezos, qui veut aller plus loin. Une autre recrue, Tim O'Reilly, lui propose de développer des API permettant à des tiers de venir s'implanter sur le site d'Amazon en profitant de ses données. Immédiatement adoptée par Bezos, malgré, ou plutôt grâce à, son éloignement du modèle de base d'Amazon, cette idée donne lieu à la création des Amazon Web Services, qui représentent aujourd'hui une source de rentabilité majeure pour l'entreprise.

L'exemple d'Amazon Web Services est emblématique de ces innovations de ruptures, qui impliquent de la part de chacun de remettre en cause ses anciens modèles au bénéfice d'un projet hybride et d'accepter une perte de pouvoir, mais qui créent à terme les conditions d'un nouvel essor, pour la société qui les porte comme pour son entourage, et, partant, pour l'ensemble du corps social.

L'éducation à l'heure de la perte de contrôle

C'est pour ces raisons qu'il est indispensable de former la société, et en particulier la jeunesse, à ce nouveau paradigme, celui du mouvement plus que des certitudes, celui de l'ouverture plus que des catégories qui enferment, celui de l'hybridation plus que des objets chimiquement purs. Or, si la société prend peu à peu conscience de ces nouveaux impératifs, force est de constater que l'école y demeure particulièrement réfractaire, malgré des tentatives répétées d'adaptation et de remises en cause.

Ces tentatives passent précisément à côté de ce qui est la seule certitude de ce siècle : celle de l'inconnu érigé en norme. Dès lors, aucune d'elle ne parvient à renouer avec la promesse initiale de l'école, la seule qui permettait de maintenir des générations entières dans l'acceptation docile des contraintes scolaires. Dans un monde où la crise économique et les besoins évolutifs de la technologie rompent l'équation ancienne (effort = diplôme = emploi), c'est toute la chaîne éducative qui vacille, et qui aurait besoin d'une réinvention globale.

Comme le démontre régulièrement le britannique Ken Robinson[23], le système éducatif s'est figé dans un modèle issu de la première révolution industrielle, centré sur l'effort individuel, la discipline, la répétition des mêmes gestes et l'obéissance absolue. Alors même que ce système laisse des millions d'élèves au bord du chemin et crée de profonds malaises, nous voyons se multiplier les enfants victimes du syndrome dit du TDAH (trouble de l'attention avec hyperactivité), pour lequel on prescrit des médicaments comme s'il s'agissait d'une maladie. Ce n'est en réalité, explique Ken Robinson, que le symptôme d'une inadéquation de l'école à l'univers dans lequel se développent les enfants. Rarement sans doute, dans l'histoire de l'humanité, l'esprit a été autant stimulé. L'attention des enfants est captée de multiples façons par de multiples supports. Les perspectives de découverte sont infinies et à portée de clic...

Face à cette situation, c'est toute notre approche de la pédagogie que nous devrions remettre en cause, pour que l'école accepte à son tour la perte de contrôle. Perte de contrôle de la part des enseignants qui doivent apprendre à faire appel à l'agilité des élèves et à ne plus se croire porteurs des seules compétences légitimes. Hybridation d'un système dans lequel on accepte l'idée que chaque vérité est porteuse de ses propres limites, où les compétences individuelles comptent moins que la capacité à avancer collectivement et où le rôle de l'éducation est

---

23. Sir Ken Robinson : *Révolutionnez l'éducation !, Conférence TED 2010.*

d'apprendre à se mouvoir plus qu'à se figer. En bref, mettre l'accent sur le savoir-être plus que sur les savoir-faire, éveiller les enfants au lieu de chercher à les endormir, comme on le fait aujourd'hui en traitant le TDAH à coups de médicaments.

Ce qu'il faut cultiver, c'est une pensée divergente, autonome et innovante, susceptible d'inventer des réponses nouvelles aux questions qui se poseront demain, plutôt que de répéter inlassablement les solutions inventées hier à des problèmes qui n'existent plus.

Ken Robinson cite l'exemple d'un test effectué en plusieurs années auprès d'enfants scolarisés à qui l'on donnait un trombone en leur demandant de lui inventer des fonctions. En classe de maternelle, 98 % des enfants atteignaient un niveau (plus de deux cents utilisations du trombone envisagées) qui les plaçait parmi les génies de la pensée divergente. Cinq ans plus tard, ils n'étaient plus que 30 % à atteindre ce niveau. Et, à 13 ans, seuls 12 % pouvaient encore faire preuve d'imagination et d'esprit d'invention.

Tel est le résultat d'un système qui cultive systématiquement les valeurs opposées à celles de la société à laquelle il prépare, depuis la coopération qui, à l'école, est considérée comme de la tricherie, jusqu'au fait d'accepter de ne pas savoir – une attitude très précieuse face à l'innovation et pourtant durement sanctionné à l'école.

D'autres systèmes seraient pourtant possibles, comme le montrent les travaux de Sugata Mitra. Ce pédagogue indien commença par mener une expérience, dite du « trou dans le mur », auprès des élèves d'une école indienne très défavorisée : il installa un ordinateur, en permanence allumé et connecté à internet, dans la cour de l'école et laissa les enfants l'utiliser librement. Au bout de huit mois, il constata que ces enfants, qui n'avaient jamais eu accès à ces technologies, avaient accumulé, sans l'aide d'aucun adulte, un socle de compétences similaire à ce qu'il aurait été s'ils avaient suivi une formation en bonne et due forme. Plus encore : l'expérience montra qu'elle entraînait chez ces enfants une hausse de leur niveau d'anglais et de maths, une meilleure assiduité, un moindre taux d'échec ou même... une baisse de la délinquance !

Tout cela grâce à une organisation spontanée des enfants, fondée sur le groupe et sur l'échange constant, sur l'entraide et le partage. Car les enfants qui se regroupent autour d'un ordinateur ne se disputent pas, ne réclament pas d'exclusivité. « Dans une société ignorante, le pouvoir se structure autour de la domination physique. Dans la société de l'information, je ne peux prendre par la force une information. Je dois devenir votre ami pour que vous la partagiez. C'est un chemin vers la non-violence », explique Sugata Mitra[24].

L'expérience fut reproduite avec succès dans d'autres pays, en Afrique et en Asie. Sugata Mitra a depuis ouvert des SOLE (*Self Organised Learning Environment*) dans quarante écoles britanniques, à côté des classes traditionnelles. Il y poursuit ses expériences en posant notamment aux enfants des questions techniques ou ésotériques, auxquelles ces derniers cherchent des réponses en surfant sur le web, selon des règles contraires à celles de l'école : obligation de travailler en groupe mais liberté de changer

---

24. Isabelle Repiton, « *Sugata Mitra, et l'expérience "A hole in the wall" : le révolutionnaire pacifiste de l'éducation* », Regards sur le numérique, *2011*.

de groupe, d'écouter ce qui se dit dans un autre groupe, de parler entre eux autant qu'ils le veulent. Et, comme on le devine, les réponses, là aussi, s'avèrent étonnamment pertinentes, bien plus que dans des situations de classe traditionnelles.

Dernier bastion d'un monde ancien qu'elle n'arrive plus à protéger, l'école est aujourd'hui le lieu par excellence où devrait s'imposer le modèle de l'hybridation et de la perte de contrôle, véritable voie vers le monde de l'innovation.

À travers l'école, c'est toute une organisation de la société qui pourra ainsi évoluer. Une organisation qui devra désormais accepter l'hybridation et en faire une vertu, jusque dans les structures les plus importantes, jusqu'ici les plus monolithiques. Pour autant, cette réalité demeure bien difficile à appréhender par les pouvoirs publics, qui doivent conjuguer l'accompagnement de l'innovation et la préservation de certains équilibres économiques anciens, sous peine d'incidences sociales importantes. Cette contradiction est l'un des écueils majeurs auxquels se heurtent les porteurs de disruptions, souvent perçus comme de dangereux « barbares [25] » et traités comme tels par le pouvoir en place.

----

25. *Terme emprunté à la formidable série de conférences organisées par The Family, le développeur de start ups fondé par Oussama Amar et Nicolas Colin (par ailleurs co-auteurs de L'Âge de la multitude, op. cit.). Explorant la manière dont les secteurs économiques sont un à un confrontés à la disruption, ces conférences sont disponibles en ligne : http://barbares.thefamily.com*

Chapitre 5

Les politiques

« La crise consiste justement dans le fait que l'ancien meurt et que le nouveau ne peut pas naître. »

Antonio Gramsci

Le 1ᵉʳ février 2013 voit une petite révolution dans le monde de la production audiovisuelle. Ce jour-là, le site Netflix lance une série très attendue, *House of cards*, sa première production originale. Bouleversant les habitudes intangibles du milieu, Netflix propose au public la possibilité de voir l'intégralité des épisodes de la première saison dès le premier jour. Les sceptiques et les inquiets se déchaînent, chacun s'accordant à prédire l'échec d'une telle initiative. Pourquoi l'échec ? Tout simplement parce que le système de financement et de rentabilité de la production audiovisuelle repose entièrement sur ce que Reed Hastings, le patron de Netflix, appelle la *managed dissatisfaction* (frustration entretenue), et dont la chronologie des média est, selon lui, porteuse : un système qui se nourrit des attentes du public pour maximiser l'impact commercial de chaque épisode, et que l'initiative de Netflix prend totalement à revers.

Le principe de la *managed dissatisfaction* est consubstantiel à une certaine conception des rapports entre le public, l'œuvre et ses créateurs, une conception qui, jouant sur la rareté de l'offre et sur les contraintes d'accès à l'œuvre, relègue le public dans un rôle secondaire et docile. Épaulé par des stratégies marketing bien rodées, ce système a longtemps fait des merveilles en créant un désir nourri de frustration autour de certaines œuvres. Dans le cas des séries télévisées notamment, lorsqu'elles sont structurées autour d'un *cliffhanger*, rebondissement inattendu de l'intrigue à la fin de chaque épisode, il a permis d'assurer des audiences appréciables aux diffuseurs, ainsi que des revenus importants aux producteurs.

De même, la clé de voûte du système de financement du cinéma, ignorant les attentes du public et se nourrissant de logiques dépassées, repose également sur la chronologie des médias, qui alloue à chaque canal de diffusion des œuvres (salles, vidéo, téléchargement) une fenêtre stricte et garantit en retour certains revenus de manière automatique. La chronologie des médias a été bâtie dans un monde aujourd'hui révolu de rareté des œuvres et des écrans, autour d'une idée devenue fausse selon laquelle plus une œuvre est vue, plus elle s'use. Or, l'hyperchoix généralisé dans lequel sont plongés les publics a largement invalidé ces principes. Les exemples se multiplient qui prouvent qu'au contraire, la superposition des premières fenêtres de diffusion, salle et vidéo par exemple, contribue à favoriser l'émergence des œuvres les plus fragiles, en concentrant leur exposition au lieu de la diluer dans le temps. De fait, imaginez une armée de cent hommes devant attaquer un fort : elle a plus de chances de gagner la bataille en les envoyant tous en même temps, plutôt qu'un par un.

Ce mécanisme, fondé sur l'existence d'un canal de diffusion exclusif et incontournable, a donc été battu en brèche par le public lui-même. Celui-ci ne fait que répondre aux messages du marketing de sociétés comme celle dont je fais partie, qui investissent des millions pour lui promettre une gratification immédiate, mais qui peinent ensuite à le maintenir dans les canaux balisés et légaux de consommation. Avec la numérisation des contenus, de nouvelles possibilités d'accès aux œuvres sont apparues, qui ont modifié les habitudes et les attentes. Désormais en mesure d'accéder instantanément à la plupart des contenus dès leur première diffusion mondiale, un nombre croissant de spectateurs ont contourné les obstacles réglementaires qui avaient été artificiellement dressés sur leur route dans le seul but de nourrir leur frustration entretenue. Ils ont acquis de nouveaux modes de consommation, en particulier le *binge viewing*, un terme inspiré du *binge drinking*, soit le visionnage boulimique d'une série, dont on dévore d'un coup tous les épisodes au lieu de les savourer un à un comme au temps où la diffusion télévisée hebdomadaire était incontournable.

Ce que Netflix propose le 1ᵉʳ février 2013 avec la diffusion de *House of cards*, en délaissant le modèle jusque-là conçu par les diffuseurs et les producteurs pour s'adapter aux désirs de ses consommateurs, n'est donc pas une simple évolution technologique ou de marketing. C'est une révolution copernicienne qui remet en cause l'ensemble des présupposés sur lesquels les industries culturelles fonctionnent depuis des décennies. À un système centré sur l'œuvre et ses producteurs, Netflix substitue un système centré sur les consommateurs.

Dans le domaine de la création culturelle, qui, depuis la Renaissance, place le créateur sur un piédestal, il s'agit bien d'une révolution.

En réalité, cette révolution n'avait pas attendu Netflix pour se mettre en marche. Mais, avec des sociétés comme cette plateforme de contenus vidéo, le phénomène change de niveau pour passer d'un statut de condamnable, sinon tabou, à celui de donnée incontournable des pratiques et des consommations culturelles de l'heure numérique. Au-delà des seules séries télévisées, elle correspond en réalité à un bouleversement bien plus large : celui d'une appropriation du pouvoir par le public, appropriation qui se fait nécessairement au détriment des détenteurs des monopoles traditionnels.

Plus largement, derrière la liberté revendiquée de regarder les séries à la date et au rythme qui lui conviennent, le public a imposé sa souveraineté sur la plupart des étapes de la chaîne de production culturelle. Elle s'étend de la production avec le *crowdfunding* (plateformes de financement en ligne permettant à des particuliers de produire les artistes de leur choix) à la programmation avec la liberté de visionnage offerte par Netflix, en passant par la critique sur les multiples forums et même par la création, dont les barrières à l'entrée ont été considérablement abaissées avec la démocratisation d'équipements de qualité – caméras, appareils photos ou tables de mixage par exemple. Capable de créer lui-même des œuvres musicales ou audiovisuelles, de les produire, de les diffuser et de les juger, le public a fait tomber tous les monopoles qui avaient longtemps régi les industries culturelles.

Dans ces conditions, l'ensemble des barrières réglementaires naguère dressées pour susciter de la *managed dissatisfaction* ont été battues en brèche. Ces attaques ne sont pas venues d'une minorité activiste, mais de la majorité des consommateurs qui ont très naturellement adopté les nouveaux usages autorisés par la technologie. Forts de cette liberté, ils n'entendent plus se laisser imposer des insatisfactions inutiles, fussent-elles entretenues. Ces aspirations nouvelles mais implacables font vaciller l'ensemble d'un système complexe de financement qui a su générer des milliards de dollars chaque année, mais dont l'équilibre est désormais menacé et qui doit donc être entièrement repensé.

L'illusion des barrières réglementaires

Face à de telles perspectives, le premier réflexe, le plus tentant, le plus répandu, de la part des tenants de monopoles menacés, consiste à s'abriter derrière des protections réglementaires leur permettant de faire durer leurs avantages anciens. On le constate mois après mois, année après année, dans l'ensemble des secteurs concernés par des disruptions fortes. Qu'il s'agisse des hôteliers confrontés à la concurrence d'AirBnB proposant des chambres chez les particuliers, des taxis luttant contre l'arrivée des véhicules de tourisme avec chauffeur (VTC) ou des buralistes opposés à la cigarette électronique, tous les secteurs ont pour réflexe de réclamer une protection réglementaire au nom des périls que la nouvelle donne fait peser sur leurs emplois. Cette vision corporatiste est légitime ; il est du devoir de tout syndicat de chercher à protéger les intérêts de ses membres. Ce qui est plus inquiétant en revanche, c'est l'accueil bienveillant que ces doléances reçoivent de la part de décideurs politiques, incapables de faire la part des choses entre des intérêts particuliers éventuellement menacés et l'intérêt général.

Il est vrai que les disruptions numériques attaquent le plus souvent un secteur par l'aval, au contact du consommateur final, servi par l'offre de nouveaux services qui vont faciliter sa vie quotidienne ou lui permettre de réaliser des économies, et qu'elles se produisent généralement là où les entreprises installées sont aussi les plus visibles. La faillite des magasins Virgin et la fermeture de leur vaisseau amiral, le Mégastore des Champs Élysées, illustrent bien l'adage qui veut qu'un seul arbre qui tombe fasse plus de bruit que toute une forêt qui pousse. Emblématique de la baisse des revenus du secteur de la musique, elle a cristallisé toutes les angoisses d'une profession en mal de repères ; et il est également aisé d'en faire un symbole politique.

Un autre exemple est celui de la cigarette électronique, dont les effets bénéfiques en termes de santé publique sont avérés, en comparaison avec le tabac tout au moins, mais qui fait l'objet d'une curieuse méfiance de la part de décideurs. Ceux-ci semblent plus soucieux de préserver l'équilibre d'un secteur (celui des producteurs et des débitants de tabac), aussi nuisible soit-il à la santé publique, que de promouvoir des usages apparemment plus sains et sûrs, qui de surcroît permettraient à la collectivité d'économiser le coût très lourd du tabagisme, évalué en 2005 à près de cinquante milliards d'euros par an[1].

La même logique est à l'œuvre dans le domaine culturel, où des barrières multiples, soutenues par une

---

1. *« Le tabac coûte cher à la société », Comité national contre le tabagisme.*

curieuse mauvaise foi, tentent de retarder ou d'empêcher toute évolution. C'est ainsi que l'interdiction de diffuser à la télévision de la publicité pour des films de cinéma est maintenue coûte que coûte (à la demande de la grande majorité des acteurs de la filière), alors que l'on sait pertinemment qu'elle ne sert aucun des objectifs qu'elle revendique, au contraire[2].

Dans un secteur qui possède encore un fort potentiel de croissance, et alors même que l'on cherche par tous les moyens à attirer davantage de spectateurs dans les salles, la publicité télévisée pour le cinéma permettrait de cibler les publics et d'atteindre de nombreux spectateurs (en particulier en province) que l'affichage ne touche que difficilement. Pourquoi l'interdire, dans ces conditions ? Officiellement, au nom d'une logique d'égalité entre films qui permettait autrefois d'éviter que quelques blockbusters ne monopolisent l'attention des médias. Le problème, c'est que ce louable respect de la diversité n'est plus servi par le système actuel, dans lequel la diffusion d'une publicité télévisée coûterait souvent moins cher qu'une campagne d'affichage national.

Derrière cet exemple ne concernant qu'une infime partie de l'économie du cinéma, c'est bien l'inadaptation de tout un système qui transparaît : un système mis en place sous les ministères d'André Malraux (il y a cinquante ans) et de Jack Lang (il y a trente ans) et qui confond désormais multiplicité (du nombre de films) et diversité (de la création). Avec l'ambition louable

---

2. *Lire le plaidoyer convainquant publié par le distributeur Christophe Courtois sur son blog en 2013, « Pourquoi il est grand temps d'autoriser la publicité pour le cinéma à la télévision ».*

d'empêcher la domination des productions américaines et de permettre le maintien d'une production française originale, les lois protégeant la diversité du cinéma ont longtemps contribué à la vivacité du cinéma national – quand la plupart des autres cinémas européens, jadis florissants, évoluaient vers une quasi-disparition. Elles ont pour cela instauré un système de financement dans lequel les diffuseurs que sont les chaînes de télévision apportent à elles seules près du tiers du 1,4 milliard d'euros que représente la production cinématographique annuelle.

Mais en faisant reposer la création originale sur des acteurs dont l'objectif principal est de rassembler un maximum de monde devant un même écran, donc d'être les plus consensuels possibles, le financement actuel favorise-t-il réellement la diversité ? N'engendre-t-il pas malgré lui une sclérose créative, masquée par une inflation artificielle du nombre de productions ?

Les chaînes de télévision ne sont pas les seuls acteurs de ce système. Ce dernier repose également sur des aides publiques, aux mécanismes complexes et parfois discrétionnaires, garantissant à certains, qui ne sont pas nécessairement les plus créatifs, une rente de situation. Si ces aides ont incontestablement des effets bénéfiques à court terme, elles n'en sont pas moins dangereuses à long terme, en maintenant tout un système à l'écart des réalités du marché – c'est-à-dire en le coupant de son public.

Car c'est le lien avec le public qui est en question, à travers une logique qui se targue de faire échapper tout ou partie de la création à la loi implacable du marché. Un tel objectif peut s'avérer salutaire pour certaines expressions créatives qui trouvent difficilement leur place dans un système concurrentiel, mais il suscite de nombreux effets pervers, dont le principal est d'agrandir toujours plus le fossé entre la création et la diffusion d'une part et les attentes du public de l'autre.

On le constate par exemple dans la manière dont est géré le parc exceptionnel des salles de cinéma françaises. Malgré la qualité et la densité du réseau, ces salles ont un taux moyen de remplissage de 15 % et ne proposent que peu d'innovations réelles. La plupart des salles de cinémas sont certes modernes et confortables, mais elles évoluent toutes dans le même sens, suivant en cela le schéma de Christensen : celui d'une montée en gamme continue, avec des coûts proportionnels, au mépris des lois de l'innovation, qui pourraient par exemple s'exprimer par le biais d'offres moins luxueuses mais plus souples. Par cette course vers le haut de gamme, les exploitants de salles se coupent progressivement d'une partie du public, à commencer par les jeunes. Ils pourraient pourtant aisément les attirer en proposant, comme le font les voyagistes, des billets moins chers à certaines heures. Ils perdent également une occasion unique de rentabiliser la visite de leur clientèle, qu'ils évacuent dans des boyaux malodorants une fois la séance terminée, quand n'importe quel directeur de musée sait qu'il y a là un créneau unique pour compléter l'expérience et vendre des produits dérivés... ou des DVD. Tous les exploitants ne sont certes pas dans ce cas. Il y a, ça et là, des tentatives louables de renouveler l'expérience du spectateur. Les cinémas Gaumont-Pathé, en France, tentent régulièrement de réinventer leur métier (avec des fortunes diverses, comme dans tout processus de l'innovation). Citons également Paul Donovan, patron de la chaîne européenne de cinémas, Odéon UCI, qui, lors d'une convention d'exploitants en 2014, se faisait le chantre d'une remise en cause profonde de la vision de leur activité, posant notamment la question inspirante : « Demandez-vous ce que ferait Google s'ils rachetaient des salles de cinémas[3]. »

Signe révélateur de cet état d'esprit, les modèles de tarifications réglementaires destinées à quelques publics particuliers, principaux clients présumés des horaires décalés : jeunes, étudiants, chômeurs et retraités. Au lieu d'une logique commerciale, qui chercherait à maximiser le taux de remplissage des salles, on adopte une logique de service public. C'est l'aboutissement d'une conception qui isole l'œuvre cinématographique de son public, comme si celui-ci ne pouvait qu'avoir des effets négatifs sur la création.

Une telle situation, maintenue contre vents et marées depuis des années, est en partie due à la capacité de mobilisation d'un secteur expert dans l'art de se faire entendre. En sachant à la fois interpeller directement les politiciens et jouer de la sympathie du public, le cinéma a depuis longtemps fait la preuve de son habileté à éviter les changements trop importants et les débats trop déstabilisants. Mais, ce faisant, il a artificiellement maintenu un système qui doit impérativement être réformé, sous peine d'implosion.

Refusant les contraintes artificiellement imposées par des règlements qui ont pour objet de les maintenir dans un

---

3. *Précisons que Paul Donovan n'était arrivé dans le métier du cinéma que depuis quelques mois, après un parcours chez British Telecom, Vodafone et Apple entre autres. Un manager hybride donc, avec les problèmes de légitimité que cela pose lorsque l'on veut être entendu de ses pairs.*

état de frustration, les spectateurs réclament plus de liberté et de diversité, et se tournent vers d'autres supports moins régulés et moins encadrés dans leur financement, comme les séries télévisées ou les vidéos sur YouTube. Les évolutions technologiques leur ont donné le pouvoir de le faire, ébranlant au passage les différents monopoles acquis au fil des décennies par l'ensemble des professionnels.

Quand les entreprises font la guerre à leurs clients

Manifestation par excellence de l'avènement du monde hybride, les lois et les règlements ne peuvent plus s'imposer machinalement à un public que sa situation en bout de chaîne priverait de tout pouvoir ; conscients d'avoir en face d'eux un public exigeant et libre, les professionnels du cinéma ne peuvent plus se reposer sur un monopole quelconque pour générer automatiquement, comme cela a pu se produire dans le passé, des revenus sans lien avec le succès réel des offres qu'ils proposent.

C'est ce que reconnaissait dès 2007 l'ancien patron de Vivendi Entertainment, Edgard Bronfman, tirant le bilan de l'échec des industries musicales confrontées à la révolution numérique : « Nous nous sommes menti à nous-mêmes [...] Nous pensions que notre contenu était parfait tel qu'il était. Nous nous attendions à ce que notre business modèle reste glorieusement inchangé, alors même que le monde de l'interactivité, la possibilité d'être constamment connecté et le partage de fichiers étaient en train d'exploser. Et nous avions tort, bien sûr. Comment avions-nous tort ? En restant immobiles ou en évoluant à un rythme beaucoup trop lent, nous sommes partis en guerre contre nos consommateurs sans nous en rendre compte, en leur refusant ce qu'ils voulaient et pouvaient obtenir ailleurs et, bien évidemment, le résultat a été que les consommateurs ont gagné[4]. »

Trois ans plus tard, Paul Graham, investisseur de la Silicon Valley et essayiste, prédisait pour sa part : « Ce qui tuera les industries du film et de la télévision ? En grande partie, non pas ce qu'ils aimeraient croire être en train de les tuer, la piraterie. Ce qui va tuer les films et la télévision, c'est ce qui est déjà en train de le faire : de meilleures moyens de divertir les gens. »

Les mots sont violents, et ils sont justes. En refusant la réalité des attentes du public et en contraignant artificiellement ses pratiques, c'est bien une guerre que les industries culturelles tentent de déclencher entre elles et le public.

On attribue ainsi souvent à Netflix la cause de la faillite de Blockbuster, le géant nord-américain déchu de la location de DVD. Une vision superficielle de la situation pourrait le laisser penser, mais l'existence même de Netflix n'est finalement que la conséquence de l'inadaptation de Blockbuster au changement : ce qu'a su faire Netflix mieux que Blockbuster, c'est écouter ses consommateurs. Si Blockbuster, alors leader absolu de la location de DVD, avait porté en elle les valeurs d'innovation qui lui ont cruellement manqué, elle aurait suivi, voire anticipé, les évolutions de son marché, ne permettant pas à un nouvel entrant de lui voler sa place[5].

---

4. *Discours lors du GSMA Mobile Asia Congress, cité dans* Techcrunch *par Duncan Riley, 14 novembre 2007.*

5. *Austin Carr, « Blockbuster Bankruptcy : a Decade of Decline »,* Fast Company, *2010.*

C'est cette confusion majeure entre cause et effets que reproduisent régulièrement les pouvoirs publics lorsqu'ils tentent de protéger les entreprises historiques face aux nouveaux entrants. Or, on ne peut pas freiner l'expression d'un besoin auquel répondent ces start up diabolisées à tort ; on ne peut que favoriser l'apparition de solutions locales adaptées[6]. La politique publique de l'innovation ne consiste certainement pas à libéraliser à tout va, sans vision ni projet. Mais l'argent public serait mieux investi à créer les conditions de l'émergence de champions locaux qu'à maintenir sous respirateur artificiel des secteurs condamnés : cette dernière réponse, habituelle, des pouvoirs publics ne fait que repousser une échéance inéluctable, plongeant les entreprises dans la dépendance aux aides publiques.

Car, loin de répondre aux ambitions politiques qui les ont autrefois fondées, les règles qui encadrent les industries culturelles ne servent bien souvent qu'à contrer frontalement les attentes du public, au nom de principes devenus éloignés de la réalité. À défaut de faire les efforts qu'imposerait une vraie volonté de reconquête du public, les détenteurs de ces industries en sont réduits à déclarer la guerre à leurs clients, à criminaliser leurs désirs et leurs pratiques afin de mieux les délégitimer.

C'est ainsi qu'un vocabulaire stupéfiant voit le jour. On emploie le mot de « pirate » pour désigner les internautes qui téléchargent illégalement des contenus en ligne.

---

6. *Voir l'argumentation brillante publiée par Nicolas Colin en 2014 sur le blog de The Family, en faveur d'une meilleure utilisation des dépenses publiques : « Pour une politique publique au service de l'innovation ! »*

Comment peut-on traiter ainsi les millions de citoyens pratiquant des méthodes que peut-être en leur for intérieur ils n'approuvent pas, mais auxquelles ils sont contraints de recourir, faute de disposer d'offres légales correspondant à leurs attentes, aux usages de l'époque et à ce qui est autorisé dans certains pays voisins ? Comment ne pas voir qu'en tentant de les faire passer pour des criminels plutôt que de chercher à répondre à leurs désirs et d'y voir des opportunités de croissance, on isole encore davantage le système d'un public dont il prétend pourtant vivre ?

De tels amalgames ne font que renforcer l'idée – chez les consommateurs comme au sein des pouvoirs publics – que la nouveauté est source de maux inévitables et ouvre la porte à une anarchie préjudiciable. Le même préjugé permet aux buralistes de prétendre que la cigarette électronique est dangereuse ou aux libraires de faire croire qu'ils défendent la diversité en protégeant leur position, et justifie l'érection de contraintes artificielles destinées à disqualifier l'innovation. On songe ici à ces lois dites « drapeau rouge » qui accompagnèrent en Angleterre l'arrivée des premières automobiles et qui, sous prétexte de la dangerosité de ces nouvelles machines, imposaient que tout véhicule en mouvement soit précédé, à soixante yards, d'un individu agitant un drapeau rouge afin de prévenir piétons et cochers du danger qui se profilait[7].

Certes, nous devons rester conscients du risque d'hégémonie porté par la capacité des entreprises leaders d'internet à occuper des positions ultra dominantes.

---

7. Mike Masnik, « *Google Being Pressured Into Crippling Self-Driving Cars* », Tech Dirt, *2013*.

Mais nous devons également garder à l'esprit que la réponse habituelle des industries en place, qui consiste à pratiquer du lobbying en vue d'obtenir des réglementations protectrices, est systématiquement vouée à l'échec, comme l'ont prouvé tous les bouleversements récents. Et qu'elle produit avant tout des effets pervers pour ces mêmes entreprises, leur donnant l'illusion de la maîtrise tout en obérant la capacité d'un pays à faire émerger les champions de demain.

Réguler un monde hybride

Il n'est pas question de nier les lourdes conséquences des innovations disruptives. Des secteurs entiers de l'économie se trouvent soudain remis en cause et contraints de réinventer l'ensemble de leurs équilibres et de leurs modes de rentabilité. Mais il serait également vain de croire que la meilleure manière d'accompagner et d'anticiper des évolutions en profondeur de la société et de l'économie consiste à refuser artificiellement ces innovations. Ce n'est pas en obligeant Amazon à faire payer les frais de port à leurs clients que les libraires français pérenniseront leur position et développeront leurs activités, mais bien en développant de nouveaux services, adaptés aux pratiques et aux aspirations d'un public qui, lui, est déjà immergé dans un monde hybride et qui attend d'une expérience en librairie qu'elle soit riche de conseils, de convivialité, de *sérendipité* – ce qui peut éventuellement passer par des offres mêlant livres papier et électroniques. Il existe en effet mille manières d'attirer une clientèle curieuse et friande de culture, dont le fait de multiplier les obstacles artificiels ne fait assurément pas partie. De même que l'expérience d'un film en salle ne peut se répliquer dans un salon, la visite en librairie doit conserver une dimension sociale pour pouvoir rester préférable à la solitude de l'internaute face à son écran[8]. Comme le dit, avec une pointe de cynisme, Jeff Bezos en réponse à la grogne des libraires : « *Complaining is not a strategy.* »

Nicolas Colin et Henry Verdier le notent sur le blog qui prolonge leur livre sur l'*Âge de la multitude*[9] : « À mesure que le numérique dévore le monde, les incendies se déclarent un peu partout et la réponse est toujours la même : on érige une barrière réglementaire qui dissuade l'allocation de capital à des activités innovantes et empêche donc à terme l'émergence de champions français dans ces secteurs[10]. » Car, au-delà des menaces pesant sur tel ou tel secteur économique, le véritable danger pour la collectivité est de s'interdire les efforts qui seuls permettent de jouer un rôle dans les révolutions en cours, et d'empêcher ainsi le développement d'offres innovantes alternatives, qui seraient pourtant les vrais garantes de la diversité recherchée.

Et de ce point de vue, après la musique et la télévision, le modèle de l'abonnement ne saurait tarder à révolutionner également le secteur du livre. Des start ups comme Scribd et Oyster[11], créés respectivement en 2007 et 2012,

---

8. *Citons par exemple la librairie La Boîte à livres à Tours, dont Télérama a décrit le combat pour se réinventer en élargissant le spectre des services rendus au clients : des espaces détente, un salon de thé, autant d'occasions de stimuler l'achat par le plaisir d'une expérience sociale (Christine Ferniot,* « Profession : libraire fier », *Télérama, 2014).*

9. *Nicolas Colin et Henry Verdier, L'Âge de la multitude, op. cit.*

10. *http://colin-verdier.com/les-fossoyeurs-de-l-innovation/*

11. *La France n'est pas en reste, avec des initiatives telles que celles de Youscribe, Orange, Cairn pour les bibliothèques, etc.*

s'y sont attelées, suivies par Amazon à l'été 2014, chacune proposant un fonds de centaines de milliers de livre pour une dizaine de dollars par mois[12]. Révolution à laquelle les éditeurs, et plus encore les bibliothèques qui pourraient y perdre leur raison d'exister, feraient bien de s'attaquer, en produisant des contenus, en proposant de nouveaux outils de médiation en ligne... sauf à laisser de nouveau le champ libre à Amazon ou à un autre outsider. Cette bataille aussi a bel et bien commencé.

Loin de se réduire à une opposition entre les tenants d'un impossible *statu quo* et les défaitistes proférant l'inanité de toute tentative de réaction, l'enjeu d'une régulation de l'innovation est de permettre l'émergence d'entreprises capables de jouer un rôle dans le nouveau monde qui se dessine. Il ne s'agit pas, à cette fin, de contester le rôle de la puissance publique, mais de s'interroger sur les modalités de ses interventions.

Les nouvelles technologies imposent, pour la plupart, d'imaginer des moyens d'action qui soient capables de répondre aux défis d'un monde hybride, rétif aux solutions monolithiques et autoritaires. C'est pourquoi le rôle du règlement doit être de créer de l'harmonie au lieu de multiplier les points de friction, d'orienter l'activité sans la freiner. En incitant plus qu'en contraignant, en créant des opportunités plus qu'en limitant les possibles, en ouvrant des perspectives plutôt qu'en les fermant, un État évoluant dans un monde hybride doit être capable de créer de l'activité et de la richesse sans renier les objectifs politiques qui fondent son intervention.

---

12. *Molly Woods, « Aiming to be the Netflix of Books »*, The New York Times, *6 août 2014.*

Dans le secteur de la production cinématographique, où règne la chronologie des médias, il ne s'agit pas d'opposer mais de concilier des réalités qui, dans les pratiques des consommateurs, ne s'excluent pas l'une l'autre, mais se complètent et se fécondent de manière naturelle. Face à la disruption causée par l'ensemble des bouleversements induits par le numérique, la seule solution consiste à accepter la nature désormais hybride d'une œuvre.

Aucune solution politique ne permettra d'ignorer plus longtemps les nouvelles règles de l'économie numérique. La politique est par essence limitée géographiquement. Des solutions bridant les mécanismes de l'innovation n'auront pour seul effet que de limiter l'émergence d'acteurs locaux, au bénéfice des entreprises internationales non soumises aux mêmes contraintes. Le choix qu'a fait Netflix de s'installer au Luxembourg pour attaquer le marché français, motivé par des raisons fiscales autant que réglementaires[13], est un nouveau témoignage de la difficulté pour des pouvoirs politiques nationaux de réguler efficacement une économie par nature globalisée. De même, Amazon et la Fnac, obligées par la loi à facturer des frais de livraison dans l'intention louable de protéger les libraires, se sont pliées de bonne grâce à ces nouvelles contraintes en en fixant le tarif à... un centime d'euro.

---

13. *Il restera difficile pour Netflix de s'affranchir de la chronologie des médias française, mais une implantation à l'étranger peut sans doute lui permettre de ne pas être soumise à l'ensemble des règles encadrant les services de SVoD, comme par exemple celles régissant la part des productions françaises et européennes dans son offre (voir l'article de François Quinton paru en 2014 dans la revue InaGlobal sur le sujet : « Netflix 1 - 0 France ? »).*

N'est-il pas temps de renoncer à ces illusions de protection ? Dans tous les secteurs culturels, ce sont les mêmes réalités qui s'imposent et qu'il est impératif de comprendre et d'accepter si l'on veut être capable de les orienter efficacement. Pour cela, il est impératif de prendre en compte trois données fondamentales du monde hybride.

Les œuvres sont hybrides. Il est de plus en plus difficile de tracer des frontières strictes entre les arts, entre les fonctions et entre les nations. Or, l'essentiel de la réglementation actuelle a été construite selon une partition rigoureuse et stricte entre les uns les autres : à chaque métier correspond dans chaque pays un système de soutien ou de protection spécifique.

Les supports sont hybrides. En opposant systématiquement les supports susceptibles de diffuser une œuvre, la chronologie des médias passe à côté des formidables potentiels de croissance suscités par la coexistence de différents médias. Loin de valider l'hypothèse d'un jeu à somme nulle dans lequel chaque support, du plus rentable au plus dévalorisé, tenterait de réaliser un maximum de profit en un minimum de temps, les études actuelles sur la consommation des médias montrent que les succès se répondent : plus un film attire de public en salle, plus ses DVD se vendront, plus il sera téléchargé. Dès lors, il paraît contre-productif de s'entêter à limiter toute possibilité d'interaction entre supports, d'empêcher par exemple un spectateur ayant vu un film au cinéma de l'acheter immédiatement en version numérique, ou d'imaginer d'autres solutions encore. Le législateur doit avoir en tête d'encourager l'esprit d'innovation des entreprises au lieu de le freiner.

Les publics sont hybrides. Plutôt que de stigmatiser de soi-disant pirates et d'en faire les incarnations d'un nouveau péril, une approche pertinente des industries culturelles devrait s'appuyer sur la réalité des pratiques actuelles, qui montre une diminution des téléchargements illégaux aussitôt qu'est proposé une alternative légale. En Norvège, par exemple, le téléchargement illégal est passé de 1,2 milliard de titres musicaux en 2008 à 210 millions en 2010, et de 125 millions de films en 2008 à 65 millions en 2012. Cela n'est pas dû à une réglementation dissuasive, mais à la présence d'offres légales par abonnement comme celles de Spotify, qui ont redirigé vers elles la masse des habitués du téléchargement illégal. Car ce que recherchent les consommateurs, ce n'est pas nécessairement la gratuité, mais avant tout la facilité d'utilisation. Dès lors, il serait plus intéressant pour la collectivité de considérer les recettes fiscales globales engendrées par la multiplication des offres que se focaliser sur la dénonciation de certaines pratiques. Soyons lucides : nous ne réussirons pas à éradiquer la piraterie, de la même manière que la piraterie ne tuera pas la culture[14].

Définir des priorités

Hybridation des œuvres, des supports et des publics : ce triple constat ne fournit pas en soi la solution à toutes les incertitudes traversées par les industries culturelles. Mais il constitue le cadre en dehors duquel toute tentative de créer une politique cohérente serait vaine, car dénuée

---

14. Paul Tassi, « *You Will Never Kill Piracy, and Piracy Will Never Kill You* », Forbes, *2012*.

de fondement et vouée à se heurter à la réalité des pratiques. Ces pratiques ne sont que l'incarnation de la liberté revendiquée par le public, liberté que les innovations technologiques ont démultipliée et que rien ne pourra empêcher de se déployer, ni l'interdiction, ni la contrainte artificielle, ni la stigmatisation.

Une fois ce cadre admis, chaque État, chaque collectivité, peut s'interroger sur les priorités selon lesquelles agir : faut-il soutenir la diversité, favoriser la création, maintenir l'emploi, faire émerger des champions nationaux ou faire rayonner un pays au-delà de ses frontières ? Ces cinq priorités ne sont pas exclusives les unes des autres, et l'on peut tout à fait soutenir l'emploi en promouvant des champions nationaux et faire ainsi rayonner la production culturelle nationale. Mais il ne faut pas pour autant nier ni sous-estimer les éventuelles contradictions qui peuvent survenir entre des ambitions aussi hétérogènes.

Kevin Spacey, acteur et producteur de *House of Cards*, ne disait pas autre chose lors du lancement de la série : « Le succès du modèle de Netflix, qui a mis en ligne toute la première saison d'un coup, prouve que le public veut avoir le contrôle, il veut la liberté. [...] À travers cette nouvelle forme de distribution, nous avons montré que nous avons compris les leçons que l'industrie de la musique n'avait pas comprises. Donnons aux gens ce qu'ils veulent, quand ils le veulent, sous la forme qu'ils veulent, à un prix raisonnable. Et alors ils seront prêts à payer pour ces contenus plutôt qu'à les voler[15]. »

---

15. *Sébastien Bossi Croci, « Kevin Spacey lance un pavé dans la mare »*, Le Journal international, *2013.*

Conclusion
Une réponse *en forme de question*

Au cours de l'hiver 2014, j'ai rencontré de nombreux éditeurs et journalistes, à qui j'ai parlé de ce livre dans la rédaction duquel j'étais alors plongé. Beaucoup m'ont expliqué, après un silence hésitant, que le sujet, pour intéressant qu'il fût, risquait de ne pas rencontrer de public. Ils comprenaient l'importance des enjeux sur lesquels je travaillais, admettaient la nécessité impérieuse de s'y pencher, à l'approche notamment d'échéances législatives et commerciales importantes (dont l'implantation de Netflix en France à la fin 2014), mais ils doutaient que cela pût concerner un public plus large que le cercle déjà informé des *geeks* et des professionnels des industries culturelles. Le numérique et ses innombrables conséquences n'étaient pour eux que des préoccupations de spécialistes.

Au cours de ces échanges, qui me semblèrent extrêmement révélateurs, j'ai aussi eu l'occasion d'évoquer le livre de Clayton M. Christensen, *The Innovator's Dilemma*, abondamment cité dans ces pages, m'étonnant qu'une telle référence n'ait jamais été traduite en français. Une fois encore, on me répondit que cela avait déjà été envisagé mais que non, vraiment, cela n'intéresserait personne. Aux États-Unis, pays qui pourrait pourtant nous donner quelques idées en termes d'innovation et d'adaptation au changement, le livre est une référence incontournable, et je ne connais pas de blog, d'article ou d'essai consacré à ces sujets qui ne lui rende hommage ou ne tente une critique de cette analyse exceptionnelle des contradictions dans lesquelles se débattent les entre-preneurs confrontés à la disruption. À tel point que *The Innovator's Dilemma* est aujourd'hui accessible en télé-chargement gratuit, tel une Bible pour tous ceux que l'avenir intéresse.

Loin de freiner mes ardeurs, le constat de ce désintérêt annoncé n'a fait que renforcer ma conviction : quelles que soient ses réticences ou ses certitudes, aucun acteur ne peut se tenir à l'écart de ce qui est plus qu'une révo-lution technologique, mais une donnée majeure et durable du monde dans lequel nous vivons et vivrons. Le seul fait que les milieux intellectuels continuent à considérer la disruption comme un phénomène limité, concernant les seuls professionnels du numérique, est pour moi la preuve par l'absurde de la nécessité d'une réflexion qui s'ouvre au-delà de ces cercles attendus et qui présente ces enjeux au plus grand nombre.

Redisons-le : l'innovation et l'adaptation au change-ment ne relèvent pas de simples solutions techniques, cir-conscrites, ponctuelles ; elles touchent à l'essence même de l'entreprise, à sa fonction, à son lien avec ses clients, et, pour finir, à sa valeur ajoutée sociale. Qu'il s'agisse de combinaison créative des supports, de liens d'un nouveau genre avec le public ou de capacité revendiquée à faire vaciller les certitudes, toutes les stratégies que j'ai exa-minées dans ces pages convergent vers le sujet de l'iden-tité même de chaque acteur et, à partir de celle-ci, des priorités auxquelles il doit répondre.

C'est d'ailleurs à la manière d'accepter ou non l'inno-vation comme enjeu identitaire que se mesure la pertinence des réponses qui lui sont apportées. On peut distinguer, à travers les exemples évoqués dans ce livre, deux types d'attitudes face à ce défi.

La première est essentiellement managériale. Elle consiste à rechercher par tous les moyens à maîtriser l'innovation, à la domestiquer, à la cantonner, bref, à en faire un phénomène extérieur, dont les effets pourraient être maintenus à distance d'un certain nombre de prés carrés, ou ne les atteindre que superficiellement. Face à l'irruption d'un nouvel acteur, porté par une solution technologique révolutionnaire et offrant à ses clients des services innovants, la tentation spontanée est de préserver ses repères, de s'appuyer sur ses certitudes. J'étais là avant, mes clients m'aiment, je sais faire ce que je fais, ce n'est pas une bande de *geeks* sans foi ni loi qui me fera renoncer : telle est, en résumé, la réaction naturelle d'une entreprise menacée par un concurrent ou par un environnement proposant une innovation de rupture.

Cette attitude ne va pas sans susciter quelques réactions de circonstance, parfois même radicales et courageuses. Par exemple, pour faire face au bouleversement de tout un secteur, on tente de repartir sur des bases plus saines et plus solides en jouant sur les leviers les plus facilement mobilisables : la législation, via des actions de sensibilisation ou de lobbying auprès des décideurs politiques ; la compétitivité, également, en compressant au maximum les coûts et en particulier ceux liés à la main-d'œuvre ; l'innovation d'amélioration, en cherchant à optimiser plus ou moins utilement les services et les produits proposés ; l'imitation, en tentant développer des offres semblables à celles des nouveaux entrants disruptifs ; la communication, enfin, en opposant au danger venu d'ailleurs un discours qui, selon les cas, se veut patriotique, traditionaliste ou purement économique et qui cherche à délégitimer l'innovation en générale ou celle-là en particulier.

Il s'agit là, tout au plus, de réponses tactiques qui touchent à l'économie d'une structure, à ses coûts, à ses marges et à l'univers dans lequel elle se développe. Je n'exposerai pas davantage les raisons pour lesquelles toutes ces réponses sont inefficaces – aussi légitimes soient-elles de la part d'acteurs qui se croient menacés dans leur existence et dont la faillite risquerait pour certains d'entraîner la destruction de plusieurs milliers d'emplois. Mais toutes reposent sur un déni de la réalité de l'innovation, sur une dépréciation de ses effets globaux et sur un refus d'une évolution véritablement ambitieuse. Toutes participent d'un même mouvement de « maintien avec ajustement », intellectuellement tentant et économiquement confortable, du moins en apparence, mais en réalité sans commune mesure avec la nature des bouleversements qui s'opèrent et auxquels l'entreprise doit faire face.

Le second type d'attitude consiste au contraire à se poser des questions plus profondes avant de s'engouffrer dans des solutions techniques qui vont toucher à la nature même de l'entreprise et à son rôle face à des besoins fondamentaux. Ces questions ne viennent pas spontanément à l'esprit. Elles exigent une faculté de distanciation et une lucidité qui sont parfois difficiles à cultiver, en particulier chez des dirigeants happés par la quotidienneté de l'entreprise. Elles nécessitent ce que Mike Maples, patron de la société de capital-risque Floodgate, appelle le « raisonnement exponentiel », qui fonctionne de manière abstraite, axiomatique et parfois contre-intuitive, par opposition au raisonnement linéaire, c'est-à-dire concret, tangible et analogique[1].

Pour un producteur de disques confronté à l'irruption du mp3, le défi n'est pas de proposer des produits moins chers ou d'ériger des barrières réglementaires à l'efficacité illusoire, mais de redéfinir son métier. Un métier dont la valeur n'est pas tant de savoir presser des galettes que de découvrir des talents, de les aider à créer et de leur permettre de se faire connaître. Le même raisonnement vaut dans tous les secteurs confrontés à de tels bouleversements. C'est en s'interrogeant sur la nature de son métier, sur sa véritable valeur ajoutée, que Kodak aurait pu survivre à la déferlante de la photographie numérique, et même en devenir le leader que sa situation lui promettait d'être au lieu de développer des produits chimiques permettant de réaliser de complexes tirages argentiques, et exclusivement argentiques.

Du chauffeur de taxi au producteur de musique en passant par le libraire indépendant, la question que pose en premier lieu l'innovation n'est donc pas celle de la rentabilité, mais de la spécificité. Celle du « pourquoi » plutôt que du « combien ». Et ce « pourquoi » amène toujours à une réponse qui se situe à l'une ou à l'autre extrémité de la chaîne commerciale. Une réponse plus difficile à identifier qu'il n'y paraît et qui se niche soit dans une solution technologique particulière, soit dans une expérience d'utilisateurs unique.

---

1. *Pour approfondir sur ce concept, voir la transcription online sur Slideshare de la présentation de Mike Maples donnée en 2013 à la conférence Venture Shift sur ce qu'il nomme les « thunder lizards », ces entreprises capables de disrupter un secteur entier.*

Pour une entreprise qui cherche à percer de nouveaux marchés comme pour une entreprise confrontée à de nouveaux entrants, la question identitaire doit conduire à choisir un positionnement résolu, dans une simplicité stratégique qui intègre une capacité à se conjuguer avec d'autres acteurs de la chaîne, dans un mouvement inéluctable d'hybridation. Ce positionnement peut se situer, schématiquement, à l'amont (au cœur de la technologie) ou à l'aval (dans la relation avec le public) d'un secteur.

La réponse par l'amont est généralement l'apanage d'un acteur déjà présent, l'essentiel des disruptions se faisant plutôt par une offre directe au public, avant de remonter progressivement la chaîne de production. Dans le cas d'une entreprise confrontée à l'irruption d'une innovation radicale dans son biotope, ce recentrement vers l'amont adoptera la forme du perfectionnement d'une offre limitée.

À l'opposé, la réponse par l'aval consiste à miser sur la relation avec le consommateur final, qu'elle repose sur des liens anciens ou sur une offre radicalement nouvelle. La disruption apportée par un nouvel entrant est presque toujours associée à une nouvelle façon, plus pratique et souvent moins chère, de proposer une expérience au client, comme l'ont fait la plupart des compagnies innovantes que nous avons évoquées dans ces pages, du secteur des jeux à celui des écrans en passant par les transports ou le commerce. Pour un acteur donné, la stratégie de l'aval consistera en revanche à renforcer et à développer le lien fort et affectif qu'il a noué depuis des années avec sa clientèle, et qui fait de lui un interlocuteur privilégié, bénéficiant à la fois d'une connaissance fine de son public et de la confiance de ses interlocuteurs.

Chacune de ces stratégies nécessitera un réajustement profond des unités de mesure des résultats, de la part d'organisations qui, par tradition, sont tournées exclusivement vers le dépassement de leurs concurrents. Les stratégies qui permettent à une entreprise de découvrir les fameux « océans bleus[2] » se trouvent dans une dimension différente de celle de la recherche de la performance, mesurée contre ses compétiteurs sur un marché existant. En somme, pour paraphraser une citation attribuée (peut-être à tort[3]) au guitariste de Grateful Dead Jerry Garcia, « il ne s'agit pas d'être le meilleur, mais d'être le seul ».

Dans une société qu'elle traverse de part en part, l'innovation constitue un véritable défi philosophique, comme l'a récemment expliqué Luc Ferry[4]. Elle pousse chaque acteur qui s'y trouve confronté – entreprises, individus, gouvernements – à s'interroger sur ce qu'il est, sur ses missions et sur sa valeur ajoutée. Elle incite chacun de nous à repenser sa place dans le paysage mouvant qui se dessine sous nos yeux : une place qui ne sera jamais monolithique, mais d'autant plus durable qu'elle reposera sur une capacité permanente de réinvention.

---

2. *Selon W. Chan Kim et Renée Mauborgne, auteurs de* Stratégie Océan Bleu : Comment créer de nouveaux espaces stratégiques *(Montreuil, Pearson, 2010), la forte croissance et les profits élevés que peuvent générer une entreprise se font en créant une nouvelle demande dans un espace stratégique non contesté, ou* « océan bleu », *plutôt qu'au cours d'affrontements avec des fournisseurs existants pour des clients existants dans une activité existante.*

3. *Hugh MacLeod, « Don't be the Best in the World at what You do; be the Only one in the World who Does what you Do »,* Gap In The Void, *2010.*

4. *Luc Ferry,* L'Innovation destructrice, *Paris, Plon, 2014.*

BIBLIOGRAPHIE

BERGER (Jonah), *Contagious, Why Things Catch On*, New York (N. Y.), Simon & Schuster, 2013.

BROOKS (John), *Business Adventures*, Londres, John Murray, 2014.

CARR (Nicholas), *The Big Switch, Rewiring the World, from Edison to Google*, New York (N. Y.), W.W. Norton & Company, 2013.

CHRISTENSEN (Clayton M.), *The Innovator's Dilemma. When new technologies cause great firms to fail*, Boston (Mass.), The Harvard Business School Press, 1997.

CHRISTENSEN (Clayton M.) et RAYNOR (Michael E.), *The Innovator's Solution. Creating and Sustaining Successful Growth*, Boston (Mass.), Harvard Business School Press, 2003.

COLIN (Nicolas) et VERDIER (Henri), *L'Âge de la multitude*, Paris, Armand Colin, 2012.

RIFKIN (Jeremy), *L'Âge de l'accès*, Paris, La Découverte, 2000.

RIFKIN (Jeremy), la Troisième Révolution industrielle, Paris, Les Liens qui libèrent, 2011.

STONE (Brad), *The Everything Store : Jeff Bezos and the Age of Amazon*, New York (N. Y.), Random House, 2013.

TALEB (Nassim Nicholas), *Antifragile. Les bienfaits du désordre*, Paris, Les Belles Lettres, 2013.

TALEB (Nassim Nicholas), *The Black Swan, the Impacy of the Highly Improbable*, New York (N. Y.), Penguin Books, 2007.

Collection **Nouveaux** Débats

La collection Poche des Presses de Sciences Po

Dernières parutions

Achevé d'imprimer par ⟨⟩ Corlet, Imprimeur, S.A.
14110 Condé-sur-Noireau
N° d'Imprimeur : 167294 - Dépôt légal : octobre 2014

Imprimé en France